MANFRED NEUHOLD

Natürlich frisch und rein

160 ökologische Putzmittel-Rezepte

WIRKUNGSVOLLE UND GÜNSTIGE
REINIGUNGSMITTEL SELBST GEMACHT

LV.Buch
Die Begeisterungswerkstatt

BILDNACHWEISE

S. 15 Yaruta/Shotshop.com, S. 20 StudioM1/thinkstock, S. 33 Tsekhmister/thinkstock, S. 35 LiliGraphie/thinkstock, S. 47 Geo-grafika/thinkstock, S. 57 levkr/thinkstock, S. 58 lamiel/thinkstock, S. 64 Hemera Technologies/thinkstock, S. 76 AdrianHancu/thinkstock, S. 81 Silberkorn/thinkstock, S. 95 GrashAlex/thinkstock, S. Bec Parsons/thinkstock, S. 106 KatarzynaBialasiewicz/thinkstock, S. 122 GYRO PHOTOGRAPHY/amanaimagesRF, S. 136 Epitavi/thinkstock, S. 149 Jupiterimages/thinkstock, S. 154 Zoonar RF/thinkstock, S. 164 Jovy86, S. 174 takasuu/thinkstock, S. 184 Handmade Pictures/thinkstock, S. 193 y_seki/thinkstock

ILLUSTRATIONEN

Darumo/iStock/thinkstock

Hinweis: Obwohl alle Daten und Angaben sorgfältig geprüft wurden, ist jede Haftung in rechtlicher Hinsicht ausgeschlossen.

IMPRESSUM

Herausgegeben 2016 von Edition Kleine Zeitung, Gadollaplatz 1, 8010 Graz

Originaltitel Ökologisch Blitz Blank

© Manfred Neuhold 2016

© Deutsche Ausgabe LV.Buch im Landwirtschaftsverlag GmbH, 48084 Münster, 2017

Das Werk einschließlich aller seiner Teile ist urheberrechtlich geschützt. Jede Verwertung außerhalb der engen Grenzen des Urheberrechtsgesetzes ist ohne Zustimmung des Verlages unzulässig und strafbar. Das gilt insbesondere für Vervielfältigungen, Übersetzungen und die Einspeicherung und Verarbeitung in elektronischen Systemen. Die Informationen in diesem Buch wurden nach bestem Wissen zusammengestellt. Alle Empfehlungen sind ohne Gewähr seitens des Autors oder des Verlegers, der für die Verwertung dieser Informationen jede Verantwortung ablehnt.

Gestaltung: Monika Wagenhäuser

ISBN 978-3-7843-5513-9

Inhalt

1 Die kleine Philosophie des Putzens **5**

2 Putzen kann Ihre Gesundheit gefähren .. **11**

3 Haushaltsreiniger selbst gemacht **22**

4 Grundstoffe und Utensilien **28**

5 Allzweckreiniger **43**
Flüssiger Allzweckreiniger 44
Reiniger auf Seifenbasis 48
Wischtücher 50

6 Küche **53**
Spülmittel 59
Geschirrspülpulver und Klarspüler 65
Scheuerpulver und Scheuermilch   69
Backofenreiniger 77
Kühlschrank- und Mikrowellenreiniger 82

7 Badezimmer **87**
Desinfektionsmittel 90
Schimmelentferner 92
Universalreiniger 97

Spiegelreiniger 98
Scheuerpulver, -mittel und -paste 99
Toilettenreiniger 107

8 Fenster **111**
Fensterreiniger   113

9 Wäsche **115**
Fleckenlöser 121
Kleines Fleckenverzeichni**s** 128
Waschmittel 137
Waschpulver 143
Bleichmittel 145
Weichspüler 146
Wäscheparfum 150
Wolle und Seide 151
Trocknen 153
Bügeln 154
Motten 156
Schuhe 157

10 Möbel und Holzböden **158**
Möbelreiniger 161
Holzerfrischer 162
Ölpflege 163
Holzbodenreiniger 165
Feuchttücher zur Bodenreinigung 166
Holzpolituren und Wachse 167

11 Teppiche **173**
Fleckentferner für Teppiche 178
Anti-Floh-Pulver für Teppiche 181
Antibakterielles Teppichspray 182

12 Lufterfrischer und Raumsprays **183**
Potpourris   186
Raumsprays   194

13 Reinigungsmittel für Metalle **196**

14 Autopflege **203**
Autowäsche 204
Scheibenreiniger 205
Autowachs 206
Polster- und Lederpolsterreinigung 207
Armaturenpflege 209
Teppichboden- und Mattenreiniger 210
Lufterfrischer 210

15 Seife selber sieden ... **211**
Grundstoffe und Utensilien zur Seifensiederei 212
Blütenseifen selber machen 216
Seife aus Seifenflockenteig 222

KAPITEL 1

Die kleine Philosophie des Putzens

> SEIN UMFELD SAUBER ZU HALTEN
> UND AUF WELCHE ART UND WEISE
> MAN DAS TUT, IST EIN KULTURGUT.

Wohlfühlfaktor „Putzen"

Beim Anspruch an die Sauberkeit gehen die Meinungen weit auseinander.

Er dürfte eine Folge des Sündenfalls im Paradies sein, von dem nichts in der Bibel steht: der Schmutz. Es findet sich kein einziger Hinweis darauf, dass Eva im Paradies geputzt hätte. Adam natürlich auch nicht. Jedenfalls ist der Schmutz ein ständiger Begleiter des Menschen. Schmutz ist in keiner Weise nützlich, seine ästhetische Funktion beschränkt sich auf die Staubschicht auf alten Weinflaschen. Und wie oft man ihn auch entfernt, er kommt immer wieder.

Vielleicht ist das einer der Gründe, warum Putzen oft als ungeliebte Tätigkeit empfunden wird. Man putzt eben, weil es nötig ist. Freude am Putzen findet man selten und wenn, dann wird sie ungern eingestanden. Es gilt nicht als besonders schick, als passionierter Putzteufel zu gelten. Wer gerne putzt und das auch zugibt, wird als pingelig angesehen.

Dabei ist Putzen nicht bloß ein Kulturgut an sich, es ist sogar eine der Bastionen kultureller Identität. Die Praxis des Putzens ist ein Abbild der kulturellen Vielfalt. Ein Hersteller von Wischtüchern und Schrubbern, der seine Produkte weltweit verkauft, ließ diesen Umstand wissenschaftlich erforschen. Die Erwartungen an Putzlappen und Wischtücher sind nämlich von Land zu Land verschieden. Im globalen Dorf kehrt zwar jeder vor seiner eigenen Tür, aber jeder auf seine von Tradition und Kultur bestimmte Weise.

In Zentraleuropa und Nordamerika sind neben dem Staubsauger Putzeimer und Wischmopp die tragenden Säulen der häuslichen Sauberkeit. Aber sogar hier gibt es Unterschiede: Während Europäer vorwiegend einen Eimer verwenden, spülen Amerikaner den Mopp überwiegend direkt im Waschbecken aus. Ausgenommen Amerikaner mit hispanischen Wurzeln: Sie putzen wie Europäer, mit Eimer und viel Wasser. Gemeinsam ist beiden der Gebrauch von chemischen Reinigungsmitteln, oft genug auch der exzessive Gebrauch derselben. Was sauber ist, muss auch so riechen. Vielleicht einer der Gründe, weshalb gerade in diesen beiden Putzkulturen

Allergien so stark verbreitet sind und immer noch zunehmen. Ein Immunsystem, das nicht auf natürliche Weise gefordert wird, sucht sich offensichtlich alternative Betätigungsfelder.

Die Untersuchungen des Wischtücherherstellers ergaben natürlich noch weitere Einsichten in das Putzverhalten. In südlichen Ländern wird zumeist mit viel Wasser und viel Chemie geputzt. Skandinavier putzen dagegen eher trocken und legen überwiegend großen Wert auf die Umweltverträglichkeit der Putzmittel. Belgier und Holländer klemmen Wischtücher in Schrubber und ziehen diese über Kachelböden und Laminat – eine Methode, die auch in Italien und Spanien bevorzugt wird. Der uns vertraute klassische Wischmopp ist dort nahezu unbekannt.

Gründe für die unterschiedlichen Praktiken und Gewohnheiten beim Wohnungsputz finden sich im Klima der Landschaft und in der Beschaffenheit der Böden in den Wohnräumen. Hohe Luftfeuchtigkeit und Steinböden verlangen nach einer anderen Putzpraxis als geringe Luftfeuchtigkeit und Holzfußböden.

Den größten Einfluss auf das Putzverhalten hat aber die Tradition in Person der Mutter. Wie Mama putzt, so putzen auch die Kinder. Und weil etwa zwei Drittel der

Die kleine Philosophie des Putzens

putzenden Kinder weiblich sind, wird diese Tradition kontinuierlich weitergegeben. Mit der zunehmenden Zahl an Singlehaushalten verändert sich das Bild nur geringfügig.

Putzen ist etwas, das fast jeder und jede mehr oder weniger regelmäßig tut. Es ist wichtig für das Wohlbefinden, denn niemand suhlt sich gerne im Schmutz. Eine saubere Wohnung ist eine Wohnung, in der man sich wohlfühlt, in der man sich im wahrsten Wortsinn daheim fühlen kann.

Beim Anspruch an die Sauberkeit gehen die Meinungen aber weit auseinander. Während sich die einen mit eher oberflächlicher Sauberkeit zufriedengeben und diese mit regelmäßigem Staubsaugen, Bodenwischen, Kloputzen und Wischen der Ablageflächen in der Küche erhalten, sind andere ständig auf der Jagd nach Staub und Schlieren. Letztere fühlen sich nur in einem hygienisch sauberen Umfeld wohl. Sie benutzen nicht nur Lappen und Putzmittel, sondern auch Desinfektionsspray. So könnte man grob zwei Putztypen unterscheiden: die pragmatischen und die passionierten Putzer. Die meisten von uns werden sich wohl irgendwo zwischen diesen beiden Polen finden.

Putzen kann aber mehr sein als das regelmäßige Entfernen von regelmäßig wiederkehrendem Schmutz. Putzen kann uns helfen, die Dinge in unserem allernächsten Lebensumfeld bewusst wahrzunehmen und dabei auch den Blick dafür zu schärfen, welche Dinge uns wichtig sind und welche sich im Laufe der Zeit bloß angesammelt haben. Das merkt man schon daran, dass man die wichtigen Dinge pfleglich behandelt, sie in einem guten Zustand erhält, also auch frei von Verschmutzung jeder Art. Und man merkt es auch daran, dass man diese Dinge gerne putzt, weil man sich gerne mit ihnen befasst. Es sind die Dinge, die man häufig oder ständig benutzt und die deshalb im Mittelpunkt der Aufmerksamkeit stehen. Ein Ding, das man seit zwei Jahren nicht geputzt hat, hat genauso lange kaum Aufmerksamkeit erregt und ist deshalb höchstwahrscheinlich unnötig. Bei der Entscheidung, sich von Überflüssigem in seinem Umfeld zu befreien, kann die Häufigkeit des Putzens dieses Gegenstands ein wichtiges Kriterium sein.

Diese Folge des Putzens – Ordnung in das eigene Umfeld zu bringen – muss sich nicht nur auf äußere Umstände beziehen. Die Japaner mit ihrer im Zen-Buddhismus wurzelnden Tradition der Konzentration auf das Wesentliche und das bewusst ausschließliche Ausführen einer bestimmten Tätigkeit kennen den „Weg des Putzens" als spirituelle Übung. Diese spirituelle Tradition, genannt „Misogi", sieht als Hauptziel der Meditation das Putzen in seinem eigenen Inneren. Man kann es als eine Form der Psychotherapie ansehen, nur eben mit anderen Methoden. Eine der Methoden ist, das „innere Putzen" mit dem „äußeren Putzen", eben dem der Wohnung, zu verbinden. Das Putzen wird so zu einer Art tätiger Meditation. Die Konzentration auf das Wischen mit dem feuchten Lappen über die verschiedenen Oberflächen befreit den Geist von dem Zwang, verschiedensten Gedanken nachzuhängen. Der Geist wird zu einem leeren – und natürlich sauberen – Gefäß, das bereit ist, neue Gedanken geordnet in sich aufzunehmen.

Wichtig ist bei diesem „Weg des Putzens" das Putzen mit der bloßen Hand und mit einem feuchten Putzlappen. Wischt man mit genügend Druck, so erzeugt die Reibung des feuchten Lappens auf einer festen Oberfläche Wasserionen. Das ist bedeutend, weil das Leben großteils auf Wasserionen basiert. Eine gesunde Luft ist jene, die viele Wasserionen enthält. So führt der „Weg des Putzens" ganz von selbst zu einer gesunden Umgebung. Fast unnötig zu sagen, dass nur reines Wasser ohne industrielle Reinigungsmittel verwendet wird.

Diese Art, an die Tätigkeit des Putzens heranzugehen, ist in Japan weit verbreitet. Vielleicht spielt auch mit, dass japanische Wohnungen sehr klein sind, sich das Leben in ihnen auf sehr wenig Raum abspielt und sich daher die Menge des anfallenden Schmutzes auf einen kleinen Raum konzentriert. Man muss also oft putzen, um die kleine Wohnung sauber zu halten.

Ob dieser japanische „Weg des Putzens" eine Anregung für die eigene Putzpraxis bieten kann, ist eine Einstellungssache. Wer eine an sich mit wenig Begeisterung ausgeführte Tätigkeit zur Basis einer geistigen Entspannungsübung machen will, hat sicher seinen Nutzen davon. Jedenfalls ist der Weg zu einer bedeutsamen, konkreten Erfahrung geebnet. Jener nämlich, wie aus einer gewöhnlichen, ja geradezu banalen Handlung wie dem Putzen die Sache und der Mensch gleichermaßen verändert hervorgehen können, sofern die Handlung achtsam ausgeführt wird.

Wenn die bloße Tätigkeit des Putzens auch banal erscheinen mag, so ist es die Bedeutung des Putzens ganz und gar nicht. Putzen ist ein wesentlicher Beitrag zu Wohlbefinden und Gesundheit. Und damit sind wir bei den Themen, um die es in diesem Buch vorwiegend gehen soll: die Putzmittel, die Reinigungsmittel, die das Putzen erleichtern, dabei aber der Gesundheit nicht schaden. Weder unserer eigenen Gesundheit noch jener der Umwelt. Jeder hat das Recht dazu, Schmutz zu machen. Aber jeder hat auch die Verantwortung dafür, seinen Schmutz auf eine Weise zu entfernen, die niemandem Schaden zufügt.

KAPITEL 2

Putzen kann Ihre Gesundheit gefährden

> INDUSTRIELL HERGESTELLTE REINIGUNGSMITTEL ENTHALTEN OFT STOFFE, DIE MAN GAR NICHT GERN IN SEINER WOHNUMGEBUNG HABEN WILL.

Reinigen heißt nicht desinfizieren

Allein in der Europäischen Union sind rund 70.000 Produkte im Bereich der Wasch-, Reinigungs- und Desinfektionsmittel für den Haushaltsgebrauch zugelassen.

Der durchschnittliche Pro-Kopf-Verbrauch in Deutschland liegt bei rund elf Kilogramm. Das meiste davon findet sich nach Gebrauch im Abwasser, der Rest verteilt sich über unsere Wohnungen, unsere Kleidung und unsere Körper. Das könnte zu dem Schluss führen, dass wir besonders reinlich sind. Weil industriell hergestellte Reinigungsmittel aber meist eine ganze Palette von Stoffen enthalten, die zwar hygienische Sauberkeit garantieren, zugleich aber Nebenwirkungen auf unsere Gesundheit haben, stellt sich vor allem die Frage: Ist unser strahlend sauberes und nach synthetischen Aromastoffen duftendes Wohnumfeld wirklich eine gesunde Umgebung für uns? Chemiker der Umwelt- und Verbraucherschutzorganisationen untersuchen regelmäßig die auf dem Markt befindliche Reinigungschemie. In vielen Produkten finden sich dabei Stoffkombinationen, für welche die Bezeichnung „Giftcocktail" nicht ganz unangemessen sein dürfte.

Besonders in jenen Produkten, die stark duften, lauern Giftstoffe. In nur sehr wenigen Produkten kommt der Duft von natürlichen Zusätzen wie beispielsweise Zitronenöl vor. Die überwiegende Mehrzahl gaukelt uns die natürliche Frische nur vor – mithilfe von synthetisch zusammengebauten Molekülen, die in erster Linie auf unsere Nasen wirken und, falls es sich um ein gutes Produkt handelt, nur in zweiter Linie einen Beitrag zur Putzleistung des Produkts erbringen. Das ist nämlich einer der Unterschiede zwischen natürlichen Aromastoffen und synthetischen Düften: Während die Letzteren im besten Fall nur duften und im schlechtesten Fall zu Reizungen der Haut, der Augen und der Atemwege führen, hat ein gebräuchlicher Vertreter der Ersteren, das ätherische Zitronenöl, eine immense Fettlösekraft.

Für Konsumenten ist es sehr schwierig, aus der Liste der Inhaltsstoffe den Anteil der gesundheitlich bedenklichen oder gar giftigen herauszulesen. Auch wenn auf der Verpackung in Riesenlettern „bio" prangt, bekommt man keine Garantie für ein „gesundes" Reinigungsmittel. Denn im Gegensatz zur Verwendung bei Nahrungsmitteln ist der Begriff „bio" bei Reinigungsmitteln an keine besonderen Kriterien gebunden.

Bei der Frage, was ein Reinigungsmittel können soll, kann man die Antwort kurz halten: Es soll den Schmutz lösen und in der Lösung auf einfache Art entfernbar machen. Was ein Reinigungsmittel nicht können muss und im Interesse eines gesunden Wohnumfelds auch gar nicht können soll, ist die Desinfektion der Wohnung. Die Desinfektion eines Raumes ist in öffentlichen Toilettenanlagen und in Kliniken nötig, aber sicher nicht in einer normal genutzten Wohnung mit Bewohnern ohne ansteckende Krankheiten. Die Angst vor überall lauernden Bakterien fußt nicht auf wissenschaftlicher Erkenntnis, sondern auf der Beeinflussung durch die Werbung der Putzmittelindustrie.

Bakterien sind tatsächlich überall. Auch in unserem Körper tragen wir eine beachtliche Menge davon mit uns herum. Die wenigsten davon sind unserer Gesundheit abträglich, und mit diesen wird ein funktionierendes Immunsystem spielend fertig. Viele Arten von Bakterien fördern sogar unsere Gesundheit, manche sind für uns sogar lebenswichtig. Wer also alle Bakterien über einen Kamm schert und sie generell mit der chemischen Keule eliminiert, tut sich und seiner Gesundheit nichts Gutes. Ganz im Gegenteil: Man kann davon ausgehen, dass Kinder, die in einem keimfrei gehaltenen Haushalt aufwachsen, weitaus öfter unter einem schwächelnden Immunsystem und einer ganzen Palette von Allergien leiden als solche, deren Immunsystem sich auf naturgemäße Art mit Bakterien und Keimen auseinandersetzen darf. Nicht umsonst heißt es, Kinder, die mit Haustieren aufwachsen, seien die gesündesten Kinder. Das Immunsystem eines Kindes, das öfters mit einer Hundezunge in Berührung kommt, wird gefordert und gefördert. Es wird künftig auch mit anderen, höheren Anforderungen zurechtkommen. Dagegen häufen sich die wissenschaftlichen Belege dafür, dass Kinder in einer allzu sauberen Umgebung ihr Immunsystem nicht genügend ausbilden können.

Die negativen Auswirkungen eines nach klinischen Ansprüchen desinfizierten Haushalts beschränken sich natürlich nicht auf die Entwicklung des kindlichen Immunsystems. Die Haushaltsreiniger mit antibakteriellen Wirkstoffen, keimtötenden Zusätzen und integrierten Desinfektionsmitteln gehören nach Meinung vieler Experten nicht in den Putz-, sondern in den Giftschrank. Sie greifen nicht nur die nützlichen Bakterien auf und in unserer Haut an, sondern führen auch dazu, dass schädliche Bakterien Resistenzen gegen Antibiotika entwickeln können.

Was Desinfektionsmittel in Haushaltsreinigern und deren Wirkung auf Keime betrifft, zeichnet eine kürzlich publizierte Studie der Universität Massachusetts ein klares Bild: Meist wird durch den desinfizierenden Reiniger nur ein Teil der Keime abgetötet. Die überlebenden Keime sind dann in der Lage, sich an die Wirkung des Reinigungsmittels anzupassen, also eine Resistenz zu entwickeln. Das heißt nichts anderes, als dass diese Keime künftig gegenüber diesem desinfizierenden Reinigungsmittel unempfindlich werden, dessen Einsatz also wirkungslos und damit völlig sinnlos wird.

Terpene und Ethylenglykol

Riecht ein Raum nach Putzmitteln, so nimmt man meistens an, dass dieser Raum sauber ist. Wird der Raum nicht ausreichend gelüftet, kann er noch Tage nach der Reinigung danach riechen.

Was uns hygienische Sauberkeit suggeriert, bedeutet in Wahrheit etwas ganz anderes: Der Raum ist mit Chemikalien kontaminiert! Diese Folge der Reinlichkeit finden wir nicht nur bei den üblichen industriell hergestellten Putzmitteln. Auch sogenannte Bioreiniger nutzen Zitrus- und Pinienharzdüfte. Diese Duftstoffe sind zwar natürlich, also tatsächlich „bio", aber trotzdem starke Allergie- und Asthmaauslöser und auch für jene, die nicht von diesen Leiden betroffen sind, ein ernsthaftes Gesundheitsrisiko. Die Gefahr entsteht nämlich dann, wenn ätherische Öle, Harze oder Terpene – auch jene natürlichen Ursprungs und aus Bioreinigern – in Kontakt mit Ozon gelangen. Dadurch entstehen Abbauprodukte, Sekundärstoffe, die sich über längere Zeit in der Raumluft halten und den Aufenthalt in solcherart belasteten Wohnräumen zu einer ungesunden Sache machen.

Eine über vier Jahre angelegte Untersuchung der University of Californa zum Thema Reinigungsmittel, toxische Luftverschmutzung und Ozon zeigt in dem 2007 veröffentlichten 330-seitigen Bericht, dass die gesundheitlichen Gefahren nicht nur in primären Inhaltsstoffen von Putzmitteln lauern, sondern in einem hohen Maß auch in deren Abbauprodukten. Reinigungsmittel, die „natürlich" nach Orangen oder Zitronen riechen, bekommen diesen Duft durch die enthaltenen Terpene. Auch jene Putzmittel, die im Raum einen Hauch frischer Waldluft hinterlassen, fallen in diese Kategorie. Ihr Duft kommt von Pinienharzen. Harze und Terpene gelten generell nicht als giftig. Sie haben allerdings ein hohes allergieauslösendes Potenzial und zudem die Eigenschaft, mit Ozon chemisch zu reagieren. Ozon ist in der Luft ständig vorhanden, in erhöhter Konzentration an heißen Sommertagen und in Räumen, in denen Kopierer, Drucker oder elektrische Lufterfrischer betrieben werden. Die biochemische Reaktion beim Kontakt von Terpenen und Harzen mit Ozon führt zu einer Reihe toxischer Verbindungen wie beispielsweise dem als krebsauslösend geltende Formaldehyd. Daneben entsteht auch toxischer Feinstaub, dessen Konzentration vom jeweiligen Ozonwert abhängt.

Bei konventionellen Reinigungsmitteln geht man heute allgemein davon aus, dass sie ungesunde oder sogar gefährliche Stoffe enthalten. Am häufigsten findet man verschiedene Glykoläther. Das sind alkoholische Verbindungen mit hoher Fettlösekraft und Desinfektionswirkung. Sie riechen angenehm frisch bis scharf oder sind geruchlos. Das am meisten verwendete Ethylenglykol hat allerdings die gefährliche Eigenschaft, dass es unser Körper über die Haut und die Atmung aufnimmt. Die Folgen reichen von Reizung der Augen, der Schleimhäute und der Atemwege bis hin zu Schwindel und andauernder unnatürlicher Müdigkeit. Bei länger dauernder Einwirkung von Ethylenglykol kann eine dauerhafte Schädigung von Blutkörperchen, des Knochenmarks und des Fortpflanzungssystems auftreten. Der zuvor erwähnte Bericht der University of California aus dem Jahr 2007 nennt Ethylenglykol auch deswegen als besonders gefährlichen Inhaltsstoff konventioneller Reinigungsmittel, weil wegen des meist unaufdringlichen Geruchs die Belastung nicht entsprechend wahrgenommen wird. Zusätzlich ist der Geruchssinn oft betäubt, wenn man Ethylenglykol eine Zeit lang eingeatmet hat.

Unsichtbar und geruchlos: Nanopartikel

Eine Gruppe bedenklicher Inhaltsstoffe in Reinigungsmitteln ist noch verhältnismäßig neu und in ihren gesundheitlichen Auswirkungen erst in Ansätzen erforscht: die Nanopartikel.

Nanopartikel sind Teilchen mit weniger als 100 Nanometern (Millionstel Millimeter) Durchmesser, die ihre Wirkung vor allem durch ihre minimale Größe entfalten. Zerkleinert man nämlich ein Material in immer winzigere Teilchen, so vergrößert sich dessen Oberfläche immer mehr. Ein Pulver aus Nanoteilchen hat deshalb eine riesige Oberfläche. Es bietet seiner Umgebung weitaus mehr Kontaktfläche und kann damit seine Wirkung besser entfalten. Das liegt auch daran, dass die an der Oberfläche eines Stoffpartikels liegenden Moleküle andere physikalische Eigenschaften haben als jene im Inneren des Partikels. Sie sind nicht zur Gänze von Nachbarmolekülen der gleichen Art umgeben, sondern grenzen an die Moleküle des sie umgebenden Stoffes. Es sind diese Oberflächenmoleküle, welche die Eigenschaften eines Nanopartikels bestimmen. Wegen der unvorstellbaren Winzigkeit eines Nanopartikels gibt es wesentlich mehr Oberflächenmoleküle als solche im Inneren des Teilchens. Nanopartikel aus Zinkoxid beispielsweise absorbieren UV-Strahlung, größere Partikel desselben Stoffes tun das dagegen nicht.

In Reinigungsmitteln findet man vorwiegend Nanopartikel aus Silber. Sie haben die Fähigkeit, Bakterien und Keime abzutöten, und werden deshalb in Hygienereinigern für Küche, Bad und Toilette verwendet. Der Vorteil der Nanopartikel aus Silber scheint auf den ersten Blick immens: Keine schädlichen Desinfektionsmittel, keine chemische Kontaminierung der Raumluft und dass die Bakterien und Keime gegen die Wirkung des Nanosilbers Resistenzen bilden können, gilt auch als unwahrscheinlich.

Genauso überzeugend wirken Nanopartikel in Bodenwischmitteln, speziell für Laminat- und Parkettböden. Sobald das Putzmittel auf dem Boden zerfließt, setzen sich Nanopartikel auch in den winzigsten Fugen und Ritzen fest und lassen kein Tröpfchen Wischwasser an das empfindliche Holz. Quellende Parkettböden sind damit ein Bild der Vergangenheit. Oder, als weiteres Beispiel: Ein Glasreiniger für streifenfrei blitzende Fensterscheiben und Spiegel, der einen Schutzfilm aus Nanopartikeln über die Glasscheibe legt und so die neuerliche Verschmutzung verringert.

Die Chemieindustrie entwickelt am laufenden Band neue Produkte für die Haushaltsreinigung, die mit Nanopartikeln aufgepeppt sind. In der Liste der Inhaltsstoffe sucht man sie meist vergebens. Man kann aber oft aus den Produktnamen auf deren Verwendung schließen. Für manche Hersteller gilt die immense Wirkkraft der Nanopartikel als überzeugendes Verkaufsargument.

Wissenschaftler warnen allerdings vor den Teilchen, die noch tausendmal kleiner sind als der viel gescholtene Feinstaub. Es braucht noch einiges an Forschungsarbeit, um mit Sicherheit sagen zu können, ob die winzigen Partikel durch Einatmen, über die Haut oder durch Rückstände auf Geschirr und Essbesteck in den menschlichen Körper eindringen und welchen Schaden sie dort anrichten können.

Erste Ergebnisse aus verschiedenen Versuchen sollten allerdings die Alarmglocken läuten lassen. So gilt bereits als sicher, dass unser körpereigenes Abwehrsystem eindringende Nanopartikel nicht erkennt, weil es auf größere Fremdkörper ausgerichtet ist. Nanopartikel kommen in dieser Art in der Natur nicht vor, also konnte sich auch keine natürliche Abwehrstrategie entwickeln.

Eingeatmete Nanopartikel können in die kleinsten Lungenbläschen gelangen. Normalerweise werden Fremdkörper dort von den sogenannten Makrophagen, speziellen Abwehrzellen, eingeschlossen und unschädlich gemacht. Nanopartikel hingegen sind zu klein, um von den Makrophagen erkannt zu werden.

Die Lunge ist nicht nur ein durch Nanopartikel gefährdetes Organ, sondern nach Ansicht von Experten auch ein weit offenes Einfallstor für Nanopartikel in den Blutkreislauf. Denn nur eine Wand von einem tausendstel Millimeter Dicke trennt die Bläschen von den Blutgefäßen. Nanopartikel haben kein Problem damit, diese Wand zu durchdringen. Der Mengenanteil der Nanopartikel, die in das Blut übergehen, hängt vom Material, von der Größe und von den Oberflächeneigenschaften der Partikel ab. Auch durch die Darmwand können Nanoteilchen in das Blut eindringen. Die gesunde Haut hingegen gilt als undurchlässig für Nanopartikel.

Was Nanopartikel anrichten können, wenn wir sie erst einmal im Blut haben, ergründet die Wissenschaft erst allmählich. Ein Team um Professor Anna von Mikecz am Institut für umweltmedizinische Forschung der Universität Düsseldorf konnte nachweisen, dass bestimmte Arten von Nanopartikeln in ausreichend hoher Konzentration die Funktionen des Zellkerns stören (Pressemitteilung des Leibniz-Instituts für umweltmedizinische Forschung vom 21. Januar 2014). Andere mögliche Auswirkungen sind Kreislaufschäden und sogar Schädigungen des Gehirns. Einig sind sich die Experten in der Ansicht, dass Nanopartikel in Haushaltsreinigern ein Risikopotenzial bergen, dessen Ausmaß in seinem ganzen Umfang noch gar nicht abschätzbar ist.

Nicht so klein wie Nanopartikel ist ein weiterer Zusatzstoff in konventionellen Reinigungsmitteln, der in letzter Zeit von sich reden gemacht hat: das Mikroplastik. Mikroskopisch kleine Plastikkügelchen werden genutzt, um die Reibung beim Schrubben zu erhöhen – in Zahnpasten genauso wie in Scheuermilch und Toilettenreinigern. Dieses Mikroplastik gelangt, nachdem es seine Aufgabe erfüllt hat, zum größten Teil ins Abwasser. Die meisten Kläranlagen sind jedoch nicht in der Lage, Mikroplastik aus dem Abwasser zu eliminieren, sodass es ungehindert in die Flüsse gelangen kann. Fische mit Plastikkügelchen in den Organen sind eine der Folgen.

Seit dieses Problem erkannt wurde, gibt es auch Maßnahmen dagegen, und so ist angesichts der bereits angerichteten Schäden durch Mikroplastik dessen Verwendung bereits eingeschränkt. Ob es sich bei dieser Einschränkung um eine bloße Absichtserklärung handelt oder ob sie tatsächlich in ausreichendem Ausmaß praktiziert wird, wird die Zukunft zeigen.

KAPITEL
3

Haushaltsreiniger selbst gemacht

WER SEINE GESUNDHEIT UND UMWELT
NICHT BELASTEN WILL,
HAT EINE ALTERNATIVE ZU INDUSTRIELL
HERGESTELLTEN REINIGUNGSMITTELN.
DENN ES GEHT AUCH ANDERS.

Industriell hergestellte Haushaltsreiniger gibt es erst seit etwa einem Jahrhundert. Die erste Babyseife wurde 1912 angeboten, das erste synthetische Reinigungsmittel gab es im Jahr 1930. Geschirrspülmittel kamen ab 1948 auf den Markt, und das erste synthetische Waschmittel, das ganz ohne Seife auskam, gab es erst im Jahr 1952. Die Geschichte der industriellen Putzmittelchemie ist also verhältnismäßig jung.

Bevor sich die Chemieindustrie an die Herstellung aller nur erdenklichen Reinigungsmittel für den Haushalt machte, wurden Putzmittel entweder in kleinen Manufakturen und meist auf Seifenbasis oder überhaupt im Haushalt selbst hergestellt. Diese Reinigungsmittel hatten einen unübersehbaren Vorteil: Sie belasteten weder die Gesundheit der Hausbewohner noch die Umwelt. Um an diese Tradition des „gesunden Putzens" anzuknüpfen, brauchen wir zuerst einige Grundbegriffe aus der Chemie. Ohne Chemie geht es nicht, denn alles Stoffliche ist Chemie, und das Lösen von Schmutz ist ein chemischer Vorgang.

Das einfachste und umweltfreundlichste Reinigungsmittel ist reines Wasser. Wasser hat die Fähigkeit, Stoffe zu lösen und in sich aufzunehmen. Allerdings nur wasserlösliche Stoffe. Viele Stoffe sind nur fettlöslich, manche auch alkohollöslich. Besteht der Schmutz also ganz oder teilweise aus fettigen Bestandteilen, ist reines Wasser wirkungslos. Reines Wasser ist nämlich pH-neutral, also weder sauer noch alkalisch. Als Grundsatz gilt: „Gleiches löst sich nur in Gleichem", daher können fetthaltige Bestandteile nur mit fettlöslichen Mitteln entfernt werden, wie Seifen, die aus Fetten erzeugt werden.

Der pH-Wert

Der pH-Wert ist ein wesentlicher Faktor für die Reinigungswirkung. Er gibt den Anteil der Sauerstoffionen in einer Lösung an. Je weiter der pH-Wert vom Neutralwert pH 7 abweicht, umso reaktionsfreudiger ist eine Lösung.

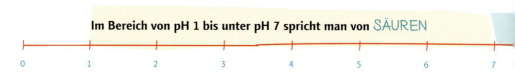

Im Bereich von pH 1 bis unter pH 7 spricht man von SÄUREN

Säuren reagieren sauer, Basen oder Laugen alkalisch. Säuren enthalten positiv geladene Wasserstoffteilchen, die es dorthin zieht, wo sie negativ geladene Teilchen finden, um ihre Ladung auszugleichen. Basen haben einen Überschuss an negativ geladenen Teilchen, die von positiv geladenen Teilchen in ihrer Umgebung angezogen werden.

Einige Beispiele sollen die Skala der pH-Werte verdeutlichen:

STARK SAUER ist unser Magensaft mit dem pH-Wert 1. Zitronensaft hat den pH-Wert 2, Essig den pH-Wert 3, Wein einen durchschnittlichen pH-Wert von 4, Kaffee kommt auf einen pH-Wert von 5, und Mineralwasser hat den pH-Wert 6. Die Oberfläche unserer Haut hat üblicherweise einen pH-Wert von 5,5. Den neutralen pH-Wert von 7 erreicht nur destilliertes Wasser. Über pH-Wert 7 beginnen die Basen. Von leicht alkalischen Lösungen wie unserem Blut mit einem durchschnittlichen pH-Wert von 7,4 über Meerwasser mit dem pH-Wert 8, Seife mit einem pH-Wert von etwa 10 bis zur stark alkalischen Natronlauge mit dem pH-Wert 14.

WEIL ES SICH BEI DER SKALA der pH-Werte um eine logarithmische Skalierung handelt, ist Mineralwasser mit dem pH-Wert 6 beispielsweise zehnmal saurer als destilliertes Wasser mit dem neutralen pH-Wert 7. Kaffee mit dem pH-Wert 5 ist bereits hundertmal saurer als destilliertes Wasser.

Im Bereich von über pH 7 bis pH 14 von BASEN oder LAUGEN

9   10   11   12   13   14   pH-Wert

UM DAS RICHTIGE REINIGUNGSMITTEL zu verwenden, muss man sich zunächst über die Art des Schmutzes, den man entfernen will, im Klaren sein. Fettiger Schmutz verlangt nach einem hohen pH-Wert, wie ihn Seife, Seifenlösungen oder Waschsoda aufweisen. Reinigungsmittel auf Seifen- oder Sodabasis sind also die idealen Fettlöser. Sie eignen sich für alle vorwiegend mit Fett verschmutzten Stellen im Haushalt: Herd, Backofen, Spüle und Geschirr, Küchenfußboden und die Ränder der Badewanne.

EIN NIEDRIGER PH-WERT, wie ihn beispielsweise Essig aufweist, ist gegenüber fetthaltigem Schmutz wirkungslos. Deshalb sind Reinigungsmittel auf der Basis von Essigsäure vor allem zur Entfernung von kalkhaltigen Verschmutzungen geeignet, etwa Teeränder in Tassen und Kannen, Kalkablagerungen in Waschbecken und an Wasserhähnen, aber auch als Wasserenthärter beim Geschirrspülen und Wäschewaschen. Reinigungsmittel auf der Basis von Essig oder Essigsäure wirken hingegen gegen Schimmelbildung und sind ein mildes Desinfektionsmittel, das Bakterien, Keime und Sporen eliminiert.

WEIL sowohl sehr niedrige wie auch sehr hohe pH-Werte Verätzungen der Haut bewirken können, ist es sehr wichtig, bei Reinigungsarbeiten immer Handschuhe zu tragen – egal, ob Sie mit sauren Putzmitteln auf Essigbasis oder mit alkalischen auf Seifenbasis an die Arbeit gehen. Dass ein Reinigungsmittel natürlichen Ursprungs ist und in seinen Nebenwirkungen weder Gesundheit noch Umwelt schädigt, heißt noch lange nicht, dass der Umgang damit völlig gefahrlos ist.

Saponine versus Tenside

Bevor die Industrie Haushaltsreiniger in großen Mengen produzierte, stellte man Flüssigseifen entweder aus Saponinen her – schaumigen Substanzen, wie man sie etwa im Seifenkraut findet – oder man verwendete Schmierseife, die in kleinen Manufakturen aus Fetten oder fetthaltigen Abfällen gesotten wurde. Auf jeden Fall waren Saponine die waschaktive und fettlösende Substanz.

Heute findet man in jedem Supermarkt Flüssigreiniger und sogar Handseifen, die keine Saponine enthalten und oft sogar mit dem Aufdruck „seifenfrei" werben. Das hat eine seiner Ursachen in dem schlechten Ruf, den man der Seife zuschreibt. Seife hat den hohen pH-Wert von etwa 10 und wird deshalb verdächtigt, den Säureschutzmantel der Haut anzugreifen. Allerdings ist die erwünschte fettlösende Wirkung – und damit die Reinigungswirkung der Seife – von diesem hohen pH-Wert abhängig. Eine Seife mit niedrigerem pH-Wert wäre also sinnlos. Für Handseifen liegt die Lösung im Fettüberschuss. Diese rückfettenden Seifen enthalten neben dem verseiften Fett auch einen bestimmten Anteil nicht verseifter Fette, die den natürlichen Fettfilm auf der Haut schützen oder zumindest die Haut bei dessen Wiederherstellung unterstützen.

In seifenfreien Reinigungsmitteln werden waschaktive Substanzen mit einem neutralen bis leicht sauren pH-Wert verwendet. Diese Detergenzien wirken, indem sie die Oberflächenspannung vermindern und auf diese Weise quasi als „Lösungsvermittler" zwischen Schmutz und Waschlösung fungieren. Diese waschaktiven Substanzen gehören zur Gruppe der Tenside. Seifen sind zwar immer auch Tenside, aber der Begriff Tenside umfasst eine weitaus größere Gruppe als nur die Seifen. So gehören zu den Tensiden auch die häufig verwendeten quartären Ammoniumverbindungen. Der Nachteil dieser kationischen Tenside ist, dass sie „biozid" (stammt aus dem Griechischen und heißt „lebensabtötend") wirken und Resistenzen bei Krankheitserregern wie auch Allergien hervorrufen können.

Seifen zählen hingegen zu den anionischen Tensiden. Ein Seifenmolekül besteht aus einem wasserabweisenden und einem wasseranziehenden Teil. Mit Wasser bildet Seife die sogenannten Mizellen. Diese sorgen dafür, dass sich aus Wasser und Fetttröpfchen eine Emulsion bildet. Diese Mischung aus Fett und Wasser kann dann einfach fortgespült werden.

In sehr hartem Wasser haben die Mizellen allerdings ein Problem: Ihre polaren Enden können von Kalzium- und Magnesiumionen blockiert werden, sodass sich wasserunlösliche Kalkseifen bilden. Der Kalkgehalt unseres normalen Trinkwassers ist dafür aber selten ausreichend. Man muss also nur bei sehr hartem Wasser einen Wasserenthärter einsetzen. Aus ökologischer Sicht hat die Neigung zur Kalkseifenbildung sogar einen Vorteil. Kalkseifen und Fettsäuren sind nicht nur unlöslich, sondern auch nicht oberflächenaktiv, sodass sie von Mikroorganismen leicht zersetzt werden können.

In selbst gemachten Reinigungsmitteln kann man diese verschiedenen Risiken und unerwünschten Nebenwirkungen vermeiden. Selbermachen bringt aber nicht nur eine gesunde Sauberkeit in unser Wohnumfeld, es spart auch Geld. Die Grundstoffe für selbst gemachte Haushaltsreiniger sind nämlich durchwegs sehr günstig zu bekommen. Was wir daraus machen können, hat aber nichts Billiges an sich. Ganz im Gegenteil: Es sind hochwertige Produkte, die man in dieser Qualität nur selten zu kaufen bekommt!

KAPITEL 4

Grundstoffe und Utensilien

DIE DINGE, DIE MAN FÜR DIE HERSTELLUNG VON REINIGUNGSMITTELN BRAUCHT, FINDEN SICH MEIST IN DER KÜCHE.

»»» EINE KLEINE WARENKUNDE

Will man seine Haushaltsreiniger seiner gesunden Wohnumgebung zuliebe selbst herstellen, braucht man dafür weder ein Chemielabor noch ein riesiges Lager an verschiedensten Grundstoffen. Was man an Gerätschaften für die Produktion braucht, findet man meist in der Küche. Und man kommt mit wenigen Grundstoffen aus, die man je nach Verwendungszweck auf unterschiedliche Weise kombiniert.

ESSIG **Ein Grundstoff, der für alle Reinigungszwecke ohne Fettverschmutzung eine gute Basis bildet, ist der Essig.**

Essig wird im Allgemeinen durch die Fermentation alkoholischer Flüssigkeiten mithilfe spezieller Bakterien hergestellt. Der durch die sogenannte dritte alkoholische Gärung entstandene Wein- und Obstessig enthält an die fünf Prozent reine Essigsäure. Einen deutlich höheren Säuregehalt hat Essigessenz – meist 25 Prozent –, die künstlich hergestellt wird und für Speisen nur in entsprechender Verdünnung verwendet werden darf. Als Basis für Reinigungsmittel hat Essigessenz den Vorteil, dass man je nach dem Grad der Verschmutzung den Säuregrad durch Anpassung der Verdünnung selbst bestimmen kann. Auch für Reinigungszwecke sollte Essigessenz nur dann unverdünnt eingesetzt werden, wenn sehr starke Verkalkungen entfernt werden müssen. Die Abdunstungen der unverdünnten Essigessenz können Atemwege und Schleimhäute reizen. Man sollte sie daher nur in gut durchlüfteten Räumen verwenden.

In den meisten Fällen reicht eine im Verhältnis eins zu vier mit Wasser verdünnte Essigessenz oder überhaupt ein billiger weißer Branntwein- oder Obstessig aus.

Essig ist vor allem ein guter Glasreiniger. Stark verschmutzte Fensterscheiben lassen sich mit Wasser und einem kräftigen Schuss Essig reinigen – schlierenfrei und mühelos. Zum Trockenreiben verwendeten unsere Großmütter zerknülltes Zeitungspapier. Es ist für diesen Zweck auch heute noch unübertroffen.

Essig löst zwar selbst kein Fett, ist in Verbindung mit heißem Wasser aber trotzdem ein gesundes, weil rückstandsfreies, Geschirrspülmittel. Die aggressiven Reiniger aus dem Supermarkt sind nicht nur unfreundlich zu unseren Händen, sie können auch Reste ihres Tensidcocktails auf dem Geschirr hinterlassen. Besonders bedenklich sind in dieser Hinsicht die sogenannten „Glanzspüler". Sie überziehen Geschirr, das nicht abgetrocknet wird, mit einem Film, der die Oberflächenspannung des Wassers herabsetzt und so für das bessere Abperlen der Wassertropfen vom Geschirr sorgt.

Essig kann man aufgrund seiner desinfizierenden Wirkung als Basis für Toilettenreiniger verwenden. Und auch bei der Wäsche kann sich Essig nützlich machen: Als Weichspüler macht er nicht nur die Wäsche kuschelig weich und duftig frisch, auch die Farben werden durch das Entfernen der Kalkrückstände aufgefrischt!

Was sicher nicht zusammenpasst, ist Essig und Seife. Auf einschlägigen Seiten im Internet findet man manchmal Rezepte, die diese entgegengesetzten Pole der Reinigungschemie in ein Produkt vermischen wollen. Das ist, gelinde gesagt, Blödsinn. Vermengt man nämlich Seife und Essig, entsteht einerseits Kaliumacetat, und andererseits fallen die Fettsäuren der Seife aus der Lösung aus. Das Ergebnis ist eine gräuliche, trübe Brühe mit fettigen, hellen Klumpen. Damit wollen Sie sicher nichts reinigen!

SEIFEN UND SEIFENFLOCKEN

Gegen jede Art von fettigem oder fetthaltigem Schmutz sind Reinigungsmittel auf Seifenbasis die erste Wahl.

Die Seifenbasis steht in verschiedenen Formen für unsere selbst gemachten Putzmittel zur Verfügung: als Flüssigseife, als reine Kernseife oder als Seifenflocken. Natürlich können Sie Flüssigseife ohne viel Aufwand selbst aus einem beliebigen Fett oder Öl und Natriumhydroxid selbst herstellen. Aber dazu kommen wir in einem späteren Kapitel.

Die billigste und einfachste Seifenbasis liefert die Kernseife. Die Reinheit ist wichtig, daher sollen der Seife keinerlei Duftstoffe beigefügt sein. Für die Verwendung in Flüssigreinigern wird das feste Seifenstück einfach zu Flocken geraspelt. Ist Ihnen das zu anstrengend, können Sie gleich Seifenflocken kaufen und entsprechend dem jeweiligen Rezept weiterverarbeiten. Wichtig bei Seifenflocken ist, dass sie aus reiner Kernseife bestehen. Man bekommt sie in Bastelshops, bei Internet-Versandhändlern sowie in Reformhäusern und Drogerien.

Eine Variante der Kernseife ist die sogenannte kastilische Seife. Sie ist ein rein pflanzliches Produkt, das aus Kokos- oder Olivenöl hergestellt wird. Man erhält sie in Bioläden und Drogerien sowohl als Flüssigseife als auch in fester Form.

Grundstoffe und Utensilien

WASCHSODA

... ist ein traditionelles Mittel für saubere Wäsche.

Man bekommt es in Bioläden, Drogerien oder Reformhäusern, in letzter Zeit bereits vereinzelt in Supermärkten. Sein chemisch korrekter Name ist Natriumkarbonat. Es löst Flecken und Fette, macht die Wäsche weich und ist auch bei anderen Anwendungen, etwa bei Bodenreinigern, wirkungsvoll.

NATRON

... oder das Natriumbikarbonat, wie es chemisch korrekt bezeichnet wird, braucht man nicht nur für bestimmte selbst gemachte Reinigungsmittel, sondern auch in der Küche zum Backen.

Man findet es deshalb in fast jedem Supermarkt oder Lebensmittelladen bei den Backzutaten. Das gebräuchliche Backpulver enthält zwar zum überwiegenden Teil Natriumbikarbonat, aber meist auch andere Zutaten. Wenn bei den Rezepten Natron angeführt ist, sollte man nur reines Natron verwenden. Außerdem ist es deutlich billiger als Backpulver, das in viel kleineren Mengen verpackt angeboten wird.

GLYCERIN

... ist eine alkoholische Verbindung, die man erhält, wenn man Fette in Fettsäuren und Glycerin trennt. Es kommt in manchen Rezepten für Reinigungsmittel vor und ist in Apotheken, Drogerien oder Baumärkten erhältlich.

TERPENTINÖL

… wird durch Destillation von Terpentin, einem dickflüssigen Harz verschiedener Nadelbäume, gewonnen und als Lösungsmittel genutzt.

BIENENWACHS

… ist ein pflegender und angenehm duftender Zusatz bei Holzpflegemitteln und Bohnerwachs.

Man erhält es in Form kleiner Plättchen in Drogerien und Reformhäusern, in anderer Form auch in Geschäften für Bastelbedarf und im Internet-Versandhandel. Bienenwachs ist praktisch unbegrenzt haltbar, man kann sich also bedenkenlos einen entsprechenden Vorrat anlegen.

Grundstoffe und Utensilien

KRÄUTER

Unter der Vielzahl von Kräutern, die in der freien Natur, im Garten und in Töpfen auf Balkon und Terrasse gedeihen, gibt es eine Reihe von Gewächsen, die ihren Segen auch in Reinigungsmitteln entfalten.

Hat man etwa genügend Rosmarin, Salbei, Lavendel, Minze oder Zitronenmelisse, kann man diese Kräuter nicht nur als Würze in der Küche, für den Teeaufguss und für selbst gemachte Naturkosmetik verwenden, sondern deren getrocknete Blätter und Blüten auch für duftendes Scheuerpulver, wirkungsvolles Teppich-Reinigungspulver, Lufterfrischer und als duftende, aber auch antibakteriell und keimtötend wirkende Zutat zu einer Reihe von Haushaltsreinigern, vom Allzweckreiniger bis zum Scheuermittel für das Bad, verwenden. An sich sind alle Kräuter geeignet, die ätherische Öle enthalten. Und wenn Sie nicht genug von den Kräutern selbst ziehen können oder wollen, so gibt es die getrockneten Kräuter in kontrollierter Qualität in jeder Kräuterdrogerie und in den meisten Reformhäusern um wenig Geld zu kaufen.

Auch wenn in manchen Rezepten Ölauszüge oder Abkochungen von Kräutern angeführt sind, die Basis dafür sind immer die getrockneten Kräuter. Frische Kräuter enthalten Wasser, und das ist für unsere Zwecke ungünstig. Einerseits kann man dabei den Wassergehalt nicht genau einschätzen, weil er von vielen Faktoren – unter anderem auch von Mondphase und Mondstand zur Zeit der Ernte – abhängig ist. Andererseits birgt der Wassergehalt die Gefahr der Schimmelbildung in sich.

Die schon erwähnte Abkochung (Dekokt) der Kräuter dient dazu, ätherische Öle und andere Inhaltsstoffe aus festen Pflanzenteilen wie Stängeln, größeren Blättern oder zerkleinerten, getrockneten Wurzelteilen herauszuziehen. Man schüttet dazu das Pflanzenmaterial in einen emaillierten Topf (Edelstahl geht auch, aber nicht Aluminium!), übergießt es mit Wasser in einer

Menge, die etwa dem dreifachen Volumen des Pflanzenmaterials entspricht, stellt den Topf auf die Herdplatte und erhitzt dessen Inhalt bis zum Kochen. Dann dreht man die Hitze so weit zurück, bis der Sud nur noch schwach köchelt, deckt den Topf ab und lässt das Ganze etwa 15 bis 20 Minuten dahinköcheln. Dann lässt man die Abkochung etwas abkühlen und seiht sie anschließend in ein geeignetes Gefäß ab. Man kann die Abkochung nach ihrer Abkühlung auf Zimmertemperatur sofort verwenden, aber auch für die spätere Verwendung im gut verschlossenen Gefäß bis zu drei Wochen im Kühlschrank aufbewahren.

Bei einer Vielzahl von Rezepten kann man anstelle des bloßen Wassers auch eine Infusion aus Kräutern verwenden. Das ist im Prinzip nichts anderes als ein sehr starker Kräutertee. Dafür kann man auch feine Pflanzenteile wie Blüten und junge Blättchen nutzen. Man übergießt sie mit kochendem Wasser und lässt sie etwa eine Viertelstunde ziehen. Was das Mengenverhältnis zwischen Pflanzenmaterial und Wasser angeht: Ein gehäufter Esslöffel der getrockneten Kräuter auf eine Tasse Wasser ist ein guter Mittelwert.

Grundstoffe und Utensilien

ÄTHERISCHE ÖLE

In ätherischen Ölen der Kräuter sind die entsprechenden Wirkstoffe in höchster Konzentration enthalten.

Viele Kräuter haben antibiotische, antivirale und antiseptische Eigenschaften oder wirken gegen Pilze und Pilzsporen. Will man diese Eigenschaften in etwas konzentrierterer Form auf ein Reinigungsmittel übertragen, kann man die reinen ätherischen Öle der Kräuter verwenden.

Einzelne ätherische Öle wirken nicht nur hinsichtlich der hygienischen Ansprüche an ein Reinigungsmittel, sie liefern auch tatsächlich einen Beitrag zur Putzleistung. Ätherisches Zitrusöl etwa verfügt über eine immense Fettlösekraft. Außerdem verleihen ätherische Öle einem Putzmittel ihren typischen Duft, der sich im Zuge des Putzens auf den Raum überträgt.

Man hat also mithilfe ätherischer Öle zusätzlich die Möglichkeit, den Wohnbereich, Küche, Bad und Toilette mit seinem jeweiligen Lieblingsduft zu versehen. Wichtig ist, nur tatsächlich echte und reine ätherische Öle zu verwenden. Synthetisch hergestellte Duftöle riechen zwar auch irgendwie ätherisch, haben aber sonst keinerlei Wirkung.

Ätherische Öle sind zwar verhältnismäßig teuer, zwischen zwei und bis zu acht Euro je Zehn-Milliliter-Fläschchen. Weil man – aufgrund ihrer sehr hohen Konzentration der Inhaltsstoffe – jedoch immer nur einige wenige Tropfen davon verwendet, relativiert sich der Preis wieder.

Ätherische Öle setzen sich aus einer Vielzahl von Inhaltsstoffen zusammen, welche erst in ihrem Zusammenspiel die volle Wirkung entfalten. Diese Kombination von Wirkstoffen ist derart komplex, dass es bisher nicht gelungen ist, sie im Labor in auch nur annähernd gleicher Wirksamkeit herzustellen.

Die wichtigsten dieser Inhaltsstoffe sind

TERPENE
Sie wirken antiseptisch und entzündungshemmend. Man findet sie in besonders hoher Konzentration in Lavendel, Koriander, Pfefferminze, Thymian und Eukalyptus – um nur einige Beispiele zu nennen.

PHENOLE
Sie machen Bakterien und Keimen den Garaus. Besonders konzentriert findet man sie beispielsweise in Nelke, Zimt oder Thymian.

Daneben enthalten ätherische Öle noch Ketone, z. B. die ätherischen Öle von Rosmarin, Pfefferminze oder Kümmel, Aldehyde (Zitronengras, Zitrone, Orange) sowie Alkohole, Ester und Cineole, oft in einer Vielzahl verschiedener Verbindungen. Für die Anwendung in der Haushaltsreinigung sind die wirkungsvollsten ätherischen Öle Thymianöl, Oreganoöl, Eukalyptusöl, Lavendelöl, Zitrusöl, Sandelholzöl und Teebaumöl. Sie wirken nicht nur antibakteriell und keimtötend, sondern durch Eigenschaften, welche die Putzleistung unserer selbst gemachten Haushaltsreiniger steigern. Weil ätherische Öle aber auch durch ihren Duft wirken und die Geschmäcker hinsichtlich der olfaktorischen Genüsse verschieden sind, sollen hier die wichtigsten ätherischen Öle nach ihrer hygienischen Funktion geordnet aufgezählt werden. So können Sie bei der Auswahl Ihrer bevorzugten ätherischen Öle sowohl deren Wirkung wie auch deren Duft berücksichtigen.

ANTIBAKTERIELL WIRKENDE ÄTHERISCHE ÖLE:

Bohnenkraut, Citronella, Eukalyptus, Ingwer, Kamille, Kampfer, Kardamom, Lavendel, Limette, Majoran, Nelke, Orange, Oregano, Pfefferminze, Pinie, Rosmarin, Salbei, Sandelholz, Teebaum, Thymian, Verbene, Wacholder, Ysop, Zimt, Zitrone, Zitronengras.

FUNGIZID WIRKENDE ÄTHERISCHE ÖLE:

Bohnenkraut, Eukalyptus, Lavendel, Myrte, Oregano, Salbei, Sandelholz, Teebaum, Thymian, Wacholder, Ysop, Zitrone.

ANTIVIRAL WIRKENDE ÄTHERISCHE ÖLE:

Eukalyptus, Lavendel, Melisse, Nelke, Oregano, Patschuli, Sandelholz, Teebaum, Thymian, Ysop, Zimt, Zitrone, Zypresse.

Ätherische Öle bekommt man in Drogerien, Reformhäusern, Bioläden und bei einer breiten Auswahl an Internet-Versandhändlern. Weil die Grundstoffe für die Erzeugung ätherischer Öle reine Naturprodukte sind, die sich entsprechend der Wachstumsbedingungen unterschiedlich entwickeln können, gibt es auch bei reinen ätherischen Ölen gewisse Qualitätsunterschiede. Diese fallen aber bei der Verwendung in Reinigungsmitteln nicht so sehr ins Gewicht. Sie beziehen sich vor allem auf die Duftqualität. Das ist etwa bei der Aromatherapie von Bedeutung, nicht aber bei Haushaltsreinigern.

Wichtig ist es, nur reine, unverdünnte ätherische Öle zu kaufen. Sie sollten nicht mit einem Trägeröl – meist Mandel- oder Jojobaöl – vermischt sein.

Ätherische Öle werden in farbigen, meist braunen Glasfläschchen angeboten, weil sie vor Lichteinwirkung geschützt werden müssen. Lagert man sie kühl und im Dunkeln, hält sich die Wirksamkeit mancher ätherischer Öle beinahe unbegrenzt. Zitrusöle sind allerdings nur etwa ein Jahr haltbar. Meist sind die Öle in Tropfflaschen abgefüllt, deren Deckel bereits eine Pipette enthält. Das ist hilfreich beim Abmessen der Tropfenmenge, die beim jeweiligen Rezept für Ihr selbst gemachtes Reinigungsmittel angegeben ist. Weil ätherische Öle sehr hoch konzentriert sind, ist es wichtig, dieser Mengenangabe genau zu folgen. Wenn Sie eine größere Menge als die angegebene verwenden, erhöhen Sie damit nicht die Wirksamkeit. Ganz im Gegenteil, eine zu hohe Konzentration kann als Nebenwirkung zu Hautirritationen und Reizungen der Atemwege führen.

In ätherischen Ölen sind die Wirkstoffe der jeweiligen Pflanzen in höchster Konzentration enthalten. Nur ein Beispiel, um diesen Umstand zu verdeutlichen: Ein einziger Tropfen ätherisches Kamillenöl enthält die Wirkstoffe von etwa 30 Tassen Kamillentee! Ätherische Öle dürfen immer nur entsprechend der Verwendung verdünnt eingesetzt werden. Der Umgang mit ihnen verlangt immer ein gewisses Maß an Vorsicht und Bedachtsamkeit. Aufbewahren sollte man sie wie Medikamente: unerreichbar für Kinder und Haustiere! Auch können bestimmte ätherische Öle bei dafür disponierten Personen Allergien auslösen. Ein guter Test in dieser Hinsicht besteht darin, eine winzige Menge des ätherischen Öls in der Armbeuge aufzutragen und auf eine eventuelle Reaktion der Haut zu achten. Bei Kleinkindern und während der Schwangerschaft sollte man auf die Verwendung ätherischer Öle generell verzichten. Bei vielen Rezepten kann man ätherische Öle weglassen, ohne die Wirksamkeit allzu sehr zu beeinträchtigen.

Weitere Zutaten, die fallweise bei einzelnen Rezepten angeführt sind, wie etwa Zitronensäure oder Weinsteinsäure, bekommen Sie in jeder Drogerie und meist auch in Supermärkten.

»»» NÜTZLICHE UTENSILIEN

Was Sie an Ausrüstung brauchen, um Ihre Haushaltsreiniger selbst zu erzeugen, finden Sie zum größten Teil in Ihrer Küche. Sie werden also nur die eine oder andere Gerätschaft für diesen Zweck anschaffen müssen. Und wenn, dann können Sie sie sicher auch für andere Zwecke in Küche und Haushalt verwenden.

KÜCHENWAAGE

Zum genauen Abwiegen der Zutaten ist sie praktisch unentbehrlich. Ein Messbereich bis drei oder fünf Kilogramm ist nützlich, wichtiger ist aber die Genauigkeit von einem Gramm im unteren Messbereich bis etwa 200 Gramm. Besonders wenn Sie daran denken, Ihren Bedarf an Seifen und Flüssigseifen selbst herzustellen, ist diese Genauigkeit unerlässlich. Die üblichen digitalen Küchenwaagen sind für wenig Geld zu haben und erfüllen diese Ansprüche.

MESSBECHER

Bei der Zugabe von Wasser oder anderen Flüssigkeiten sollte man die Menge nicht schätzen, sondern möglichst genau messen. Dafür sind Messbecher oder Messgläser die geeignete Gerätschaft. Ob sie aus Glas oder Kunststoff bestehen, ist eher zweitrangig, weil man heute davon ausgehen kann, dass auch solche aus Kunststoff weitestgehend säure- und laugenfest sind.

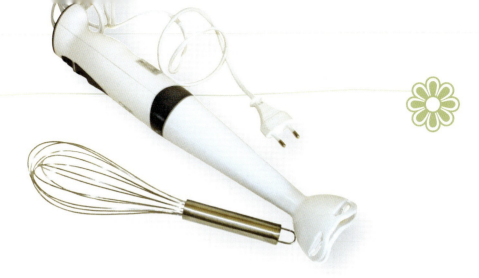

MIXER, PÜRIERSTAB ODER STABMIXER

So ziemlich alles, was wir an Reinigungsmitteln selber machen, verlangt nach einem intensiven Verrühren der Zutaten. Wer das nicht in langer ermüdender Arbeit mit dem Schneebesen machen will, wird einen Mixer verwenden. Ideal ist ein Stabmixer oder ein Pürierstab. Beim Küchenmixer sollte man einen der beiden Rührbesen abnehmen. Aber egal, welche Art von Mixer man verwendet: Die richtige Geschwindigkeit ist die niedrigste Geschwindigkeit!

ZERSTÄUBER, SPRÜHFLASCHE

Viele unserer selbst gemachten Reinigungsmittel werden in flüssiger Form auf die zu reinigende Fläche gesprüht. So kann man sie am besten dosieren und vermeidet eine Überdosierung. Die dafür geeigneten Sprühpumpflaschen bekommt man um wenige Euro in Baumärkten, Haushaltsfachgeschäften und natürlich im Internet-Versandhandel. Weil es sie meist in verschiedenen Farben gibt, kann man jedem Reinigungsmittel eine eigene Flasche zuordnen. Auf die Beschriftung des Behälters sollte man aber trotzdem nicht verzichten.

Grundstoffe und Utensilien

SCHÜSSELN, TÖPFE

… sind für die Herstellung der verschiedenen Rezepturen in verschiedenen Größen nötig. Sie sollten aus Glas oder Edelstahl sein. Schüsseln aus Plastik oder Aluminium sind für diesen Zweck ungeeignet. Bei Plastikschüsseln kann man nicht sicher sein, ob sie Säuren und Laugen gegenüber unempfindlich sind (Lösungsmittel und Weichmacher können sich aus den Schüsseln lösen), und Aluminium kann mit Zutaten unserer Reinigungsmittel chemisch reagieren.

BEHÄLTNISSE
FÜR DIE REINIGUNGSMITTEL

Flaschen und Gläser mit Schraub-, Schraubdeckel- oder Bügelverschluss sind die idealen Behältnisse für Ihre selbst gemachten Haushaltsreiniger. Es hindert Sie aber niemand daran, geeignete leere Behältnisse von konventionellen Reinigungsmitteln wiederzuverwenden. Sie müssen jedoch gut ausgewaschen und getrocknet werden, damit nicht Reste von industriell hergestellten Reinigern Ihre selbst gemachten verunreinigen können. Für Putzmittel auf Essigbasis sollte man möglichst keine Behältnisse mit Blechdeckel verwenden. Durch die verdunstende Essigsäure kann das Blech oxidieren. Für essighaltige Putzmittel sind Behältnisse aus Plastik besser geeignet.

Auf jeden Fall ist eine sorgfältige und genaue Beschriftung der Behältnisse empfehlenswert. Es sollte auf keinen Fall zu Verwechslungen kommen können. Am sinnvollsten ist es, ein Etikett mit dem Namen und den Zutaten des Putzmittels auf dessen Behältnis zu kleben. Man kann dazu normale Aufkleber aus dem Schreibwarenhandel verwenden. Weil diese aber meist nicht wasserfest sind, sollte man sie mit einem transparenten Klebeband überkleben.

Allzweckreiniger

KAPITEL 5

FLÜSSIGER ALLZWECKREINIGER ... 44

REINIGER AUF SEIFENBASIS ... 48

WISCHTÜCHER ... 50

MAN BRAUCHT IHN IMMER WIEDER UND ER IST DER GENERALIST UNTER DEN REINIGUNGSMITTELN.

Flüssiger Allzweckreiniger

»»» DER GENERALIST

Hier eine Schliere, dort ein paar Fettspritzer, die Arbeitsfläche in der Küche, das Waschbecken im Bad, ein Fensterbrett – alles, was man schnell einmal zwischendurch putzt, verlangt nach einem Generalisten: dem Allzweckreiniger. Korrekter wäre die Bezeichnung „Mehrzweckreiniger", denn für wirklich alle Zwecke ist er natürlich nicht geeignet. Muss er auch nicht. Denn für spezielle Reinigungsaufgaben können wir spezielle Reinigungsmittel verwenden.

 Es ist sehr praktisch, wenn der „Reiniger für alle Fälle" von so dünnflüssiger Konsistenz ist, dass man ihn auch in eine Sprühflasche füllen kann. Man sprüht ihn dann einfach auf die zu reinigende Fläche, wischt mit einem Lappen darüber, fertig. Außerdem ist diese Art der Anwendung sparsam. Man kommt kaum in Versuchung, mehr Reiniger zu verwenden, als man braucht.

FLÜSSIGER ALLZWECKREINIGER MIT ZITRONE

10 g Waschsoda

1 l Wasser

Saft einer Zitrone und/oder

10 Tropfen ätherisches Zitrusöl

 Dieser Reiniger hinterlässt nicht nur Sauberkeit, sondern auch einen unaufdringlichen Zitronenduft.

Das Sodapulver wird in einer entsprechend großen Schüssel mit einem Liter Wasser übergossen und durch ausgiebiges Rühren mit dem Mixer vollständig aufgelöst. Den ausgepressten Saft einer Zitrone sollte man durch einen Kaffeefilter gießen, um auch feinste Teilchen von Fruchtfleischresten zu entfernen. Dann gibt man ihn zur Sodalösung und rührt noch einmal kräftig durch. Als Alternative zum Zitronensaft kann man auch zehn Tropfen ätherisches Zitrusöl verwenden. Man bekommt in beiden Fällen einen konzentrierten Reiniger, den man in eine Vorratsflasche füllt und kühl aufbewahrt. Für den Gebrauch wird das Reinigerkonzentrat mit drei bis vier Teilen Wasser verdünnt und in eine Sprühflasche gefüllt.

ALLZWECKREINIGER SCHRITT FÜR SCHRITT

1. Soda abwiegen

2. Mit Wasser aufgießen

3. Gut verrühren

4. Zitronensaft durch Kaffeefilter gießen

5. Zitronensaft zur Sodalösung gießen. Wieder gut durchrühren …

6. … und dann den fertigen Reiniger in eine Sprühflasche abfüllen.

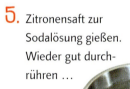

FLÜSSIGER ALLZWECKREINIGER AUF ESSIGBASIS

200 ml Weißwein- oder Obstessig
300 ml Wasser
10 Tropfen ätherisches Zitrusöl

Schnell hergestellt, wirkungsvoll im Gebrauch: Essig und Wasser verrühren, ätherisches Zitrusöl dazu, noch einmal durchrühren, in die Sprühflasche füllen, fertig.

REINIGUNGSKONZENTRAT MIT ESSIGESSENZ

250 ml Essigessenz (20–25 % Essigsäure)
250 ml Wasser
15 Tropfen ätherisches Teebaum- oder Thymianöl

Alle Zutaten werden zusammengemischt, gut verrührt und der konzentrierte Reiniger in eine Vorratsflasche gefüllt. Zum Gebrauch wird er je nach Verwendungszweck mit einem bis drei Teilen Wasser verdünnt.

❀ **Dieser Reiniger wird auch mit Kalkablagerungen an Wasserhahn und Spülbecken fertig und wirkt zudem in hohem Maß desinfizierend.**

Reiniger auf Seifenbasis

»»» DIE KERNIGE

Dickflüssiger und deshalb nicht oder nur bedingt für die Sprühflasche geeignet sind Allzweckreiniger auf Seifenbasis. Man füllt sie am besten in eine Flasche mit Schraub- oder Bügelverschluss. Den Reiniger gibt man entweder in kleinen Mengen direkt auf den Wischlappen oder verteilt ihn sparsam über die zu reinigende Fläche. Ein Reiniger auf Seifenbasis verlangt immer nach einem Nachwischen mit klarem Wasser, um feine Seifenrückstände zu entfernen.

SCHRITT FÜR SCHRITT

1. Kernseife zu Flocken raspeln. Alternativ kann man natürlich auch Seifenflocken verwenden.

2. Mit kochendem Wasser übergießen.

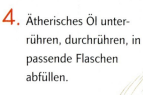

3. Rühren

4. Ätherisches Öl unterrühren, durchrühren, in passende Flaschen abfüllen.

REINIGER MIT KERNSEIFE

30 g geraspelte Kernseife oder Seifenflocken
1 l Wasser
10 Tropfen ätherisches Lavendelöl

Ein Stück Kernseife wird zu feinen Flocken geraspelt, in einem ausreichend großen Glas mit kochendem Wasser übergossen und so lange gerührt, bis sich die Seife vollständig aufgelöst hat. Nach dem Abkühlen der Seifenlösung gibt man – je nach persönlichem Geschmack – ätherisches Zitrus- oder Lavendelöl bei. Man hat nun ein Reinigerkonzentrat, das sich nach einigen Stunden zu einer gelartigen Konsistenz verfestigt. Für den Gebrauch kann man es mit bis zu fünf Teilen Wasser verdünnen.

KRAFTREINIGER MIT SEIFE UND SODA

40 g geraspelte Kernseife oder Seifenflocken
10 g Waschsoda
1 l Wasser (2 x 0,5 l)
10 Tropfen ätherisches Zitrusöl

Für die Herstellung dieses Kraftreiniger-Konzentrats braucht man zwei Töpfe oder entsprechend große Gläser: In dem einen werden die Seifenflocken mit einem halben Liter kochendem Wasser übergossen und durch Rühren mit dem Mixer vollständig aufgelöst. In dem anderen Glas oder Topf übergießt man das Sodapulver mit einem halben Liter kaltem Wasser und löst es ebenfalls durch Rühren vollständig auf. Sobald die Seifenlösung etwas abgekühlt ist, gießt man die beiden Lösungen zusammen und rührt sie gut durch. Nach dem Abkühlen auf Zimmertemperatur rührt man noch das ätherische Zitrusöl ein, und man hat ein Reinigerkonzentrat, das zum Gebrauch mit drei Teilen Wasser verdünnt auch mit hartnäckigem fettigem Schmutz fertig wird.

Wischtücher

»»» DIE PRAKTISCHEN

Feuchte Wischtücher sind eine sehr praktische Sache, wenn schnell einmal eine Fläche feucht abgewischt und danach sowohl sauber als auch keimfrei sein soll. Solche Wischtücher muss man nicht teuer kaufen – und dabei auch noch einen weitgehend unbekannten Chemiecocktail in Kauf nehmen –, man kann sie auch einfach, kostengünstig und zum Nutzen eines gesunden Wohnumfelds mit unbedenklichen Zutaten selbst herstellen.

Als Basis benötigt man Tücher aus Zellulose. Es gibt diesen Stoff in Rollen, aber auch viele der im Handel angebotenen Einweg-Handtücher sind aus reiner Zellulose und deshalb bestens geeignet. Man schneidet die Tücher einfach in die gewünschte Größe und tränkt sie mit einem selbst gemachten Reinigungsmittel. Die Feuchttücher sollen so gelagert werden, dass sie nicht austrocknen und dass das Putzmittel nicht sinnlos in die Umgebung verdunstet. Das Behältnis für die Aufbewahrung soll sich also luftdicht schließen lassen. Ideal sind Blechdosen – etwa Keksdosen –, in welchen man die feuchten Tücher gefaltet übereinanderstapeln kann. Man kann die Feuchttücher aber auch gefaltet in Plastiktüten mit einem Reißverschluss aufbewahren. Diese Zippbeutel bekommt man in jedem Supermarkt. Sie sind wie die Blechdosen über lange Zeit hinweg wiederverwendbar.

WISCHTÜCHER MIT ROSMARINDUFT

100 ml weißer Essig
100 ml Wasser
10 Tropfen ätherisches Rosmarinöl
20 Zellulose-Tücher (etwa 30 x 30 cm)

Alle Zutaten werden in einer Schüssel vermischt. Dann stapelt man eine passende Anzahl zugeschnittener Tücher übereinander und legt sie in die Schüssel. Es dauert einige Zeit, bis sich alle Tücher mit der Flüssigkeit vollgesogen haben. Dann kommen die feuchten Tücher sofort in ihr Behältnis – Blechdose oder Zippbeutel – und diese werden darin mit dem eventuell noch verbliebenen Rest der Flüssigkeit übergossen. Bis zum Gebrauch im sorgfältig verschlossenen Behältnis aufbewahren!

WISCHTÜCHER MIT FRÜHLINGSDUFT

100 ml Rotkleeabsud
100 ml weißer Essig
10 Tropfen ätherisches Öl (Thymian, Salbei, Melisse)
20 Zellulosetücher (etwa 30 x 30 cm)

Ein gehäufter Esslöffel getrockneter Rotklee wird mit etwas mehr als 100 ml kochendem Wasser übergossen. Etwa zwölf Minuten ziehen lassen, abseihen, etwas abkühlen lassen und dann mit dem Essig und dem ätherischen Öl verrühren. Die zugeschnittenen Tücher werden, wie vorher beschrieben, in der Flüssigkeit eingeweicht und kommen anschließend in ihr Behältnis. Von der übrig gebliebenen Flüssigkeit kann man noch so viel zu den Tüchern im Behältnis gießen, dass sie gut feucht bleiben.

WISCHTÜCHER FÜR UNTERWEGS

 Oft gibt es das Bedürfnis oder die Notwendigkeit, unterwegs etwas abzuwischen. Sei es im Auto oder die WC-Brille einer Restauranttoilette. Für solche Zwecke kann man passende Feuchttücher mit antibakterieller Wirkung immer mit sich führen.

200 ml Kamillenabsud

5 g Natron

15 Tropfen ätherisches Kamillenöl

20 Zellulosetücher (etwa 30 x 30 cm)

Zwei Esslöffel getrocknete Kamillenblüten übergießt man mit etwas mehr als 200 ml kochendem Wasser, lässt den Absud etwa zehn bis zwölf Minuten ziehen, seiht ihn ab und lässt ihn abkühlen. Dann löst man das Natronpulver durch ausgiebiges Rühren im Kamillenabsud auf und gibt das ätherische Kamillenöl dazu. In einer Schüssel stapelt man passend zugeschnittene Zellulose-Tücher übereinander und übergießt sie mit der Flüssigkeit. Sobald sich die Tücher gut vollgesogen haben, kann man sie in kleine Zippbeutel verpacken.

ÖLTÜCHER FÜR SCHMIERIGE SACHEN

 Wer öfters einmal etwas repariert, wird um Öl oder Schmierfett auf Händen und Arbeitsfläche nicht herumkommen. Für fettigen Schmutz braucht man Wischtücher mit fettlösendem Reinigungsmittel, also Öltücher.

150 ml Raps-, Sonnenblumen- oder Olivenöl

10 Tropfen ätherisches Zitrusöl

20 Zellulosetücher (etwa 30 x 30 cm)

Das ätherische Öl wird gut mit dem anderen Öl verrührt und die in eine Schüssel gestapelten, passend zugeschnittenen Tücher mit dem Öl übergossen. Man sollte nur wenige Tücher auf einmal mit Öl tränken und sie lange im Öl liegen lassen. Sind die Tücher mit Öl vollgesogen, kann man sie in Plastikbeuteln bis zum Gebrauch aufbewahren.

KAPITEL 6 — Küche

SPÜLMITTEL ... 59

GESCHIRRSPÜLPULVER UND KLARSPÜLER ... 65

SCHEUERPULVER UND SCHEUERMILCH ... 69

BACKOFENREINIGER ... 77

KÜHLSCHRANK- UND MIKROWELLENREINIGER ... 82

> IN DER KÜCHE LEGT MAN BESONDEREN WERT AUF SAUBERKEIT. DAS HEIßT ABER NICHT, DASS MAN AUF DAS ANGEBOT AN INDUSTRIELL HERGESTELLTEN REINIGERN UND SPÜLMITTELN ANGEWIESEN IST.

Die Küche

… ist meist der zentrale Ort einer Wohnung. Sie ist mehr als bloß der Ort, an dem gekocht wird, an dem man Geschirr und Kochtöpfe und meist auch die Vorräte aufbewahrt. In der Küche wird meist auch gegessen, hier versammelt sich die Familie. Und wenn Freunde zu Besuch kommen, sitzt man mit ihnen um den Küchentisch. Schließlich hat man von hier aus die Kaffeemaschine immer in Griffweite. Die Küche ist allerdings auch der Raum, wo die Abfälle in ihrem Eimer oder Müllsack unter der Spüle schlummern, bis sie jemand zur Mülltonne trägt. Sie ist auch der Raum, wo man auf dem Fliesenboden jeden Schmutz besonders gut sieht. Kein Wunder also, dass wir in der Küche mindestens ein Drittel aller benötigten Haushaltsreiniger verbrauchen.

Meist geht man davon aus, dass eine saubere und keimfreie Küche nach Putzmitteln riechen muss. Ganz im Vertrauen gesagt: Das muss sie nicht. Ja, das soll sie gar nicht. Denn was da so „sauber" riecht, zeigt nur, dass die Küche chemisch kontaminiert ist. Und nicht nur die Küche allgemein. Oft finden sich auf dem Geschirr noch Spuren von Spülmittel oder Klarspüler, auf den Arbeitsflächen Rückstände von Scheuerpulver oder Desinfektionsmitteln, in den Töpfen noch ein Hauch von aggressiven Fettlösern. Wenn Sie die Liste der Inhaltsstoffe auf den Batterien von Reinigungsmitteln, die in einer Durchschnittsküche zu finden sind, lesen, können Sie von Glück reden, wenn Sie das meiste davon nicht verstehen. Es würde so richtiges Wohlfühlen nicht aufkommen lassen. Dabei ist es für die Sauberkeit eines so reinigungsintensiven Ortes wie der Küche nicht nötig, seine Gesundheit und sein Haushaltsgeld mit Unmengen industrieller Reinigungschemie zu belasten.

Alles, was wir an Putzmitteln für die Küche brauchen, können wir einfach, kostengünstig und unbedenklich für unsere Gesundheit selbst herstellen. Und dabei geht es nicht bloß um die Spülmittelrezepte unserer Großmütter. Alles, was eine moderne, hochtechnisierte Küche an Reinigungsmitteln braucht, vom Reiniger für die Mikrowelle und dem Backofen bis zum Pulver für den Geschirrspüler und den Entkalker für die Kaffeemaschine, kann man selber machen.

Bevor wir uns den entsprechenden Rezepten zuwenden, sollen noch einige Tipps verraten bzw. in Erinnerung gerufen werden. Sie helfen, den Putzaufwand und damit auch den Verbrauch an Reinigungsmitteln zu minimieren.

FETTSPRITZER IM BACKOFEN bestreut man, solange sie noch frisch sind, mit Salz. Sobald der Backofen abgekühlt ist, kann man sie einfach und rückstandsfrei wegwischen.

SCHNEIDBRETTER AUS HOLZ sehen gut aus, lassen sich aber schwer reinigen. Es geht leichter, wenn Sie die trockenen Bretter mit der Schnittfläche einer halben Zitrone abreiben. Sie können die Fettlösekraft und antibakterielle Wirkung der Zitrone auch mittels ätherischem Zitrusöl nutzen: Weichen Sie die Bretter in handwarmem Wasser ein, dem Sie – bezogen auf etwa fünf Liter Wasser im Spülbecken – zehn bis 15 Tropfen dieses duftenden Fettlösers und Bakterienkillers beigeben. Nach zwei bis drei Stunden heiß abspülen, und die Schneidbretter schauen aus – und duften – wie neu!

DASS ETWAS ÜBERKOCHT, lässt sich nicht immer vermeiden. Auch bei den heute üblichen Glaskeramikkochfeldern verursacht das dicke Ränder aus Angebranntem. Diese Ränder lassen sich nach dem Abkühlen des Kochfeldes leichter entfernen, wenn man sie im noch warmen Zustand mit etwas Salz bestreut. Zum Abwischen verwendet man einen mit Essig befeuchteten Lappen.

WENN SIE TÖPFE ODER BACKFORMEN im Backofen nicht auf einen Gitterrost, sondern auf ein Backblech stellen, machen Verschmutzungen durch Überquellen weniger Arbeit. Vom Backblech sind sie viel leichter zu entfernen als vom Boden des Backofens.

ANGEBACKENE ODER GAR ANGEBRANNTE RESTE in Töpfen und Pfannen lassen sich leichter lösen, wenn man etwas Natronpulver über die Reste streut und Topf bzw. Pfanne gut eine Viertelstunde stehen lässt. Dann in einer Tasse Wasser drei Eßlöffel Natronpulver verrühren, in den Topf bzw. die Pfanne gießen und kurz aufkochen. Nach dem Abkühlen der Natronlösung lassen sich die Reste meist einfach aus Topf oder Pfanne spülen.

DER ABFLUSS des Spülbeckens hat einiges zu bewältigen, von fettigem Spülwasser bis zu kleinen Speiseresten. Kein Wunder, dass er zur Verstopfung neigt. Dieser Neigung kann man entgegenwirken, indem man öfters mal Kaffeesatz in den Abfluss des Spülbeckens leert und mit viel heißem Wasser weg- und nachspült. Das befreit Siphon und Abfluss des Spülbeckens von fettigen Rückständen.

UNANGENEHME GERÜCHE IN KÜHLSCHRANK, Gefrierfach und Tiefkühltruhe kommen immer wieder und oft ohne ersichtlichen Grund vor. Meist liegt es aber daran, dass manche Lebensmittel Gerüche abgeben, die von anderen angenommen und auf diese Weise verstärkt werden. Das muss gar kein vergessenes Joghurt sein, auch verschiedene Käse- und sogar Gemüsesorten können für diesen Geruch verantwortlich sein. Da hilft meist nur, den Kühlschrank leer zu räumen, den Temperaturregler auf null zu drehen und den Kühlschrank mit einem weichen Tuch und einer Lösung aus 100 ml Wasser, 20 g Natron und fünf Tropfen ätherischem Pfefferminzöl auszuwischen. Danach wischt man mit reinem Wasser nach, um eventuelle Natronrückstände zu entfernen. Ehe man den Kühlschrank wieder einräumt und einschaltet, sollte alles gut trocken gewischt werden. Die gleiche Prozedur kann man auch bei Gefrierfach und Tiefkühltruhe anwenden.

GERÜCHE IM KÜHLSCHRANK kann man darüber hinaus selbst bestimmen. Man stellt einfach eine kleine Schale mit dem „Lieblingsduft" in das unterste Fach des Kühlschranks. So duftet es im Kühlschrank immer frisch und appetitlich. Wenn Sie beispielsweise Vanilleduft mögen, füllen Sie etwa 50 ml Vanilleextrakt in die Schale. Vanillin – ein synthetisches Vanillearoma – erfüllt den Zweck genauso. Mögen Sie Kaffeeduft, kommt in die Schale gemahlener Kaffee. Der Kühlschrank duftet dann mehrere Wochen lang dezent nach

Kaffee. Natürlich können Sie den Duft noch weiter verfeinern, indem Sie gemahlene Gewürze, etwa Ingwer, unter den Kaffee mischen. Wollen Sie keinen speziellen Duft, sondern einen völlig geruchlosen Kühlschrank, gibt es ein einfaches Mittel: Legen Sie einfach eine Scheibe Brot in das unterste Fach! Aber vergessen Sie nicht, diese Brotscheibe alle zwei Tage zu wechseln, denn schimmelig gewordenes Brot erfüllt diesen Zweck ganz und gar nicht.

KÜCHENSCHABEN, AMEISEN UND ÄHNLICHE INSEKTEN

finden ihren Weg auch in die sauberste Küche. Es gibt aber eine Reihe altbewährter Hausmittel, um diesem Ungeziefer den Aufenthalt in der Küche zu vermiesen. Gegen Ameisen hilft Natron, auch starke Gerüche lassen sie die Flucht ergreifen. Tummeln sich Ameisen in den Küchenschränken, wischt man diese am besten mit einer Lösung von 30 g Natron auf 200 ml Wasser aus. Mit klarem Wasser nachwischen und anschließend noch einmal mit einer Lösung von zehn Tropfen ätherischem Zitrusöl auf 100 ml Wasser. Die Küchenschränke duften dann für menschliche Nasen angenehm frisch, für Ameisen aber zum Davonlaufen.

Küchenschaben und Kakerlaken kann man auf ähnliche Weise zu Leibe rücken. Außerdem kann man Natronpulver in die Ritzen und Ecken streuen, wo sich die unliebsamen Gäste gerne verbergen.

Silberfische kann man leicht in eine Falle locken. Sie mögen nämlich Zucker. Also höhlt man eine Kartoffel aus, streut Zucker hinein, bedeckt diese „Falle" mit einem Tuch und stellt sie dorthin, wo man zuletzt Silberfischchen gesichtet hat. Am nächsten Tag sitzen sie schon in der Falle, also der Kartoffel, und diese entsorgt man mitsamt den Insassen. Ihr erneutes Auftreten kann man weitgehend verhindern, indem man in 200 ml Wasser 15 Tropfen ätherisches Lavendelöl vermischt, diese Lösung in eine Sprühflasche füllt und damit die Wege und Schlupflöcher der Silberfischchen besprüht. Vor dem Lavendelduft nehmen sie garantiert Reißaus!

Spülmittel

Spülmittel duften traditionell nach Zitrone, Limette oder Orange. Das ist kein Zufall, denn ätherisches Zitrusöl ist ein kraftvoller Fettlöser. Und wenn wir Handspülmittel selbst machen, haben wir gegenüber industriellen Spülmittelherstellern einen immensen Vorteil: Wir können tatsächlich echtes und reines ätherisches Zitrusöl verwenden! Und nicht nur das – auch viele Kräuter haben eine beachtliche Reinigungskraft in sich.

HANDSPÜLMITTELKONZENTRAT MIT ZITRONE

50 g geraspelte Kernseife oder Seifenflocken
1 l Wasser
15 Tropfen ätherisches Zitrusöl

Die geraspelte Kernseife bzw. die Seifenflocken gibt man in einen Topf, gießt einen Liter Wasser darüber und bringt das Ganze unter häufigem Rühren zum Sieden. Dann den Topf von der Herdplatte nehmen und die Seifenlösung so lange rühren, bis sich alle Seifenflocken vollständig aufgelöst haben. Abkühlen lassen, ätherisches Zitrusöl unterrühren und in eine passende Vorratsflasche füllen.

 Dieses Spülmittel ist ein Konzentrat, von dem man entsprechend wenig in das Spülwasser gibt.

HANDSPÜLMITTEL MIT ROSMARIN

100 ml reine Flüssigseife
500 ml Rosmarinabsud
15 Tropfen ätherisches Rosmarinöl

Zwei Esslöffel getrockneter Rosmarin wird mit gut einem halben Liter kochendem Wasser übergossen. Etwa zehn Minuten ziehen lassen, dann abseihen. Noch heiß mit der Flüssigseife verrühren. Nach dem Abkühlen das ätherische Rosmarinöl unterrühren und das Konzentrat in eine Vorratsflasche füllen. Auf ein volles Spülbecken gibt man etwa eine halbe Tasse des Konzentrats. Dieses Spülmittel duftet nicht nur lebendig frisch nach Rosmarin, es hat auch eine immense Fettlösekraft!

 Übrigens: Statt Flüssigseife können Sie natürlich auch Seifenflocken oder geraspelte Kernseife mit Wasser aufkochen und zu einer Flüssigseife rühren!

HANDSPÜLMITTEL MIT FRUCHTIGEM DUFT

100 ml reine Flüssigseife
500 ml Minzeabsud
20 g Zitronensäure
15 Tropfen ätherisches Limettenöl

Zwei Esslöffel getrocknete Minze übergießt man mit etwas mehr als einem halben Liter kochendem Wasser. Etwa zehn Minuten ziehen lassen, dann abseihen, etwas abkühlen lassen und die Zitronensäure darin durch Rühren vollständig auflösen. Dann mit der Flüssigseife verrühren. Schließlich das ätherische Limettenöl (alternativ auch Zitrusöl oder Zitronengrasöl) unterrühren und das fruchtig duftende Spülmittelkonzentrat in eine Vorratsflasche füllen. Für ein volles Spülbecken verwendet man etwa eine halbe Tasse des Konzentrats.

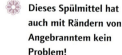 **Dieses Spülmittel hat auch mit Rändern von Angebranntem kein Problem!**

HANDSPÜLMITTEL SCHRITT FÜR SCHRITT

1. Kernseife zu Flocken raspeln. Alternativ kann man Seifenflocken verwenden.

2. Mit kochendem Wasser übergießen.

3. Gut durchrühren, bis die Seife vollständig aufgelöst ist.

4. Backpulver unterrühren.

5. Ätherisches Öl beigeben, gut durchrühren und bis zum Abkühlen offen stehen lassen. Dann in ein Schraubdeckelglas abfüllen.

BESONDERS FETTLÖSENDES SPÜLMITTEL

100 g Seifenflocken aus Kernseife
600 ml kochendes Wasser
30 g Waschsoda
15 Tropfen ätherisches Zitrusöl

Die Seifenflocken mit dem kochenden Wasser übergießen und so lange rühren, bis die Seife vollständig gelöst ist. Dann das Waschsoda beigeben und weiterrühren, bis auch dieses vollständig aufgelöst ist. Nach dem Abkühlen das ätherische Zitrusöl unterrühren und das Konzentrat in eine Vorratsflasche füllen. Eine halbe Tasse des Konzentrats sollte für ein Spülbecken voll Geschirr reichen.

 Dieses Spülmittel macht auch das fettigste Geschirr blitzblank!

LÖSUNGSMITTEL FÜR ANGEBRANNTES

Ein Pulver, das man schon auf Vorrat mischen und in einem Streubehälter für den Fall des Angebrannten aufbewahren kann. Dieses einfache Mittel vermindert deutlich die Mühe, die es bereitet, Reste von Angebranntem aus einem Topf zu schrubben.

50 g Waschsoda
50 g Zitronensäurepulver

… werden vermischt und bei Bedarf auf den Boden des Topfes gestreut. Das Angebrannte im Topf soll gut bedeckt sein. Dann etwas warmes Wasser darüber und den Topf gut eine Viertelstunde stehen lassen. Zu Beginn wird es heftig schäumen, aber das zeigt nur, dass die Sache wirkt. Das Angebrannte sollte sich danach mit einem Scheuerlappen problemlos entfernen lassen.

OMAS SPÜLMITTEL MIT ZITRONENDUFT

30 g geraspelte Kernseife (oder Seifenflocken)
10 Tropfen ätherisches Zitrusöl
1 l kochendes Wasser
1 Päckchen Backpulver

 Dies ist ein Spülmittelrezept, das man in so manchem Haushaltsbuch aus der Nachkriegszeit findet. Das ätherische Zitronenöl ist allerdings ein Tribut an unsere Zeit.

In einem ausreichend großen Glas mit Schraubdeckel werden die Seifenflocken mit dem kochenden Wasser übergossen und durch Rühren vollständig aufgelöst. Etwas abkühlen lassen, dann das Backpulver und schließlich das ätherische Zitrusöl unterrühren. Bis zum Abkühlen auf Zimmertemperatur lässt man das Glas offen stehen, dann verschließt man es. Nach einigen Stunden ist die Seifenlösung zu einem Gel eingedickt. Von diesem Konzentrat verwendet man für ein Spülbecken voll Geschirr etwa zwei Esslöffel voll.

SPÜLMITTEL MIT ESSIG UND ZITRONE

Mit Essig im Spülwasser lässt sich schnell mal Geschirr spülen. Die Stärke des Essigs liegt im Lösen mineralischer Ablagerungen und im Abtöten von Bakterien und Keimen. Die Fettlösekraft des puren Essigs lässt dagegen doch etwas zu wünschen übrig. Diesem Manko kann man abhelfen, indem man einerseits zum Spülen heißes Wasser verwendet und andererseits die Fettlösekraft der Zitrone jener des Essigs beifügt – entweder als Zitronensaft oder ätherisches Zitronenöl.

500 ml weißer Essig
20 Tropfen ätherisches Zitronenöl

… werden in einer Vorratsflasche gut durchgeschüttelt. Davon gießt man bei Bedarf die nötige Menge in das heiße Spülwasser.

Küche

Geschirrspülpulver und Klarspüler

LAVENDELPULVER FÜR DEN GESCHIRRSPÜLER

Ist ein Geschirrspüler in Betrieb, riecht die Küche danach. Und das oft nicht besonders angenehm. Ganz anders bei diesem Geschirrspülpulver, das einen zarten, unaufdringlichen Lavendelduft aus dem Geschirrspüler entweichen lässt.

- 150 g Natron
- 50 g Salz
- 50 g Zitronensäurepulver
- 15 Tropfen ätherisches Lavendelöl

Natron, Salz (am besten grobkörniges Siedesalz) und Zitronensäure gut durchmischen und in einen verschließbaren Plastikbehälter geben. Mit dem ätherischen Lavendelöl beträufeln und gut durchmengen. Man verwendet für einen Spülgang zwei gehäufte Esslöffel dieses Pulvers.

ROSMARINPULVER FÜR DEN GESCHIRRSPÜLER

- 100 g Waschsoda
- 100 g Salz
- 50 g Zitronensäurepulver
- 15 Tropfen ätherisches Rosmarinöl

Waschsoda, Siedesalz und Zitronensäurepulver werden gut miteinander vermischt und in einen geeigneten Vorratsbehälter gefüllt. Dort wird die pulvrige Mischung mit dem ätherischen Rosmarinöl beträufelt und gut durchmischt. Zwei Esslöffel dieses Pulvers reichen für einen Spülgang, der auch stark verschmutztes Geschirr säubert und die Küche mit einem zarten Rosmarinduft füllt.

EXPRESSPULVER FÜR DEN GESCHIRRSPÜLER

4 Esslöffel Natron

1 Esslöffel Salz

1 Esslöffel Zitronensäurepulver

Lässt sich bei Bedarf rasch herstellen: Die drei pulverförmigen Zutaten werden gut miteinander vermengt. Für einen Spülgang kommen zwei Esslöffel davon in das Spülmittelfach der Geschirrspülmaschine. Die angegebene Menge reicht also für drei Spülgänge.

GLANZ-SPÜLPULVER FÜR DEN GESCHIRRSPÜLER

100 g Waschsoda

100 g Natron

50 g Zitronensäurepulver

20 Tropfen ätherisches Zitrusöl

Man gibt alle Zutaten in einen verschließbaren Plastikbehälter und vermischt sie gut miteinander. Für einen Spülgang kommen zwei Esslöffel dieses Pulvers in das Spülmittelfach des Geschirrspülers.

 Dieses Glanz-Spülpulver ist besonders für Gläser und Glasgeschirr geeignet. Es sorgt für glänzende Sauberkeit, ohne unschöne Wasserflecken auf dem Glas zu hinterlassen.

NELKEN-KRAFTPULVER FÜR DEN GESCHIRRSPÜLER

- 100 g Zitronensäurepulver
- 100 g Natron
- 100 g Waschsoda
- 50 g grobes Salz
- 10 Tropfen ätherisches Nelkenöl

Die pulvrigen Zutaten gut miteinander vermischen, mit dem ätherischen Nelkenöl beträufeln, gut durchmengen und in einer luftdicht verschließbaren Dose aufbewahren. Für einen Spülgang gibt man zwei bis drei Esslöffel dieses kraftvollen Spülpulvers in das Pulverfach der Geschirrspülmaschine.

KLARSPÜLER MIT ALKOHOL

300 ml weißer Essig
100 ml Ansatzalkohol (70 %)

Essig und Alkohol in eine Flasche geben, gut durchschütteln und in dem Fall, dass Gläser gespült werden, in das entsprechende Fach des Geschirrspülers füllen. Für einen Spülgang sollten etwa 100 ml ausreichen. Dieser Klarspüler verhindert die unschönen Wasserflecken auf den Gläsern.

Ansatzalkohol bekommt man übrigens in Apotheken und Drogerien. Anstelle desjenigen mit 70 Prozent Alkoholgehalt kann man auch jenen mit 96 Prozent verwenden.

KLARSPÜLER FÜR HARTES WASSER

200 ml Essigessenz (20–25 %)
300 ml destilliertes Wasser

Findet man nach dem Spülen unschöne Kalkflecken auf Besteck, Gläsern und Glasgeschirr, so ist das ein Zeichen für sehr hartes Wasser. Die Kalkrückstände kann man aber problemlos vermeiden, indem man die Essigessenz mit destilliertem Wasser mischt und von dieser Mischung etwa 100 ml je Spülgang in das Klarspülerfach des Geschirrspülers gibt.

Dieser selbst gemachte Klarspüler sorgt für fleckenlosen Glanz!

Scheuerpulver und Scheuermilch

Man braucht sie für das Spülbecken und die Geschirrablage, genauso wie für Arbeitsflächen und Herdplatten: Scheuermittel. Egal ob als Pulver oder als Scheuermilch, man kann sie einfach selber herstellen. Und man kann die Reinigungskraft verschiedener Kräuter nutzen. Sie geben dem Scheuermittel nicht bloß ihren Duft, sie heben durch ihre harten Blättchen auch tatsächlich die Scheuerwirkung und durch ihre ätherischen Öle die Fettlösekraft. Für die Verwendung in Reinigungsmitteln kommen nur getrocknete Kräuter infrage. Man zerkleinert diese vor der Anwendung im Mörser zu einem groben Pulver.

SCHEUERPULVER GEGEN HARTNÄCKIGE FLECKEN

100 g Natron, 20 g Salz
10 Tropfen ätherisches Rosmarin- oder Eukalyptusöl
Weißer Essig zum Nachwischen

Natron und Salz werden gut durchmischt, mit dem ätherischen Rosmarin- oder Eukalyptusöl beträufelt, nochmals durchmengt und in eine luftdicht verschließbare Dose gegeben. Hat man im Edelstahlspülbecken oder auf Flächen aus Edelstahl hartnäckige Flecken, so streut man dieses Pulver darüber und lässt es etwa eine Viertelstunde lang einwirken. Dann schrubbt man die Fläche mit einem nassen Schwamm, wischt die Rückstände weg und anschließend die Fläche mit ausreichend Essig nach.

EXPRESS-SCHEUERMITTEL MIT ESSIG

50 g Natron, 100 ml weißer Essig
5 Tropfen ätherisches Lavendel- oder Zitrusöl

Das Natronpulver wird im Essig durch Rühren vollständig aufgelöst. Dann träufelt man das ätherische Lavendel- oder Zitrusöl dazu, rührt noch einmal durch, und schon ist ein Scheuermittel zur Hand.

RINGELBLUMEN-SCHEUERPULVER

50 g Natron
50 g Waschsoda
30 g getrocknete Ringelblume

Natron, Waschsoda und Ringelblume werden gut durchmischt und in einen verschließbaren Behälter gefüllt. Dieses Scheuerpulver ist für Spülbecken genauso geeignet wie für Arbeitsflächen und mäßig verschmutzte Herdplatten. Man streut es auf die zu reinigende Fläche und schrubbt diese mit einem feuchten Schwamm. Danach wird mit reinem Wasser nachgewischt, um eventuell verbliebene Reste von Natron und Soda zu entfernen.

SCHEUERPULVER MIT ZIMT

100 g Natron
20 g gemahlener Zimt
10 Tropfen ätherisches Zedernöl

Natron und Zimt werden durchmischt, mit dem ätherischen Zedernöl beträufelt und wiederum gut durchmengt. Dann gibt man das Pulver in einen luftdicht verschließbaren Behälter. Dieses Scheuerpulver ist besonders gut geeignet, wenn es um fettigen Schmutz geht. Man streut das Pulver auf die schmutzige Fläche, schrubbt mit einem nassen Schwamm, wischt mit Wasser nach und anschließend trocken, damit nicht Reste des Natrons auf der Fläche zurückbleiben.

SCHEUERPULVER MIT SALBEI UND ROSMARIN

100 g Natron
20 g getrocknete Salbeiblätter, grob gemahlen
20 g getrocknete Rosmarinblätter, grob gemahlen

Natron und die gemahlenen Kräuter kommen in einen luftdicht verschließbaren Behälter und werden gut durchgeschüttelt, damit sich alle Zutaten fein miteinander vermischen. Dieses Scheuerpulver ist besonders gut für Spülbecken geeignet. Man schüttet eine kleine Menge davon in das Becken und schrubbt es mit einem nassen Schwamm sauber. Die Reste spült man mit heißem Wasser weg.

SCHEUERPULVER MIT MINZE UND MELISSE

100 g Natron
10 g grobes Salz
20 g getrocknete, grob gemahlene Pfefferminze
20 g getrocknete, grob gemahlene Zitronenmelisse

Alle Zutaten kommen in eine verschließbare Dose und werden ausgiebig durchgeschüttelt, damit sie sich fein miteinander vermischen. Dieses Scheuerpulver ist ein Universalmittel, das mit einem fettigen Spülbecken genauso fertig wird wie mit einer Herdplatte oder mit dem Küchenfußboden.

SCHEUERPULVER MIT THYMIAN

50 g Natron
50 g Waschsoda
30 g getrockneter, grob gemahlener Thymian

Natron, Waschsoda und gemahlener Thymian werden gut durchmischt und in einen verschließbaren Behälter gefüllt. Dieses Scheuerpulver ist für Spülbecken genauso geeignet wie für Arbeitsflächen und mäßig verschmutzte Herdplatten. Man streut es auf die zu reinigende Fläche und schrubbt diese mit einem feuchten Schwamm. Danach wird mit reinem Wasser nachgewischt, um eventuell verbliebene Reste von Natron und Soda zu entfernen.

SCHEUERPASTE MIT ROSMARIN

30 g getrockneter Rosmarin
100 ml kochendes Wasser
100 g Salz
100 g Waschsoda

Getrockneten Rosmarin mit etwas mehr als 100 ml kochendem Wasser übergießen, etwa 15 Minuten ziehen lassen, dann abseihen. Waschsoda und Salz vermischen und löffelweise dem Rosmarinabsud beigeben und unterrühren, bis eine Paste mit gelartiger Konsistenz entstanden ist.

 Diese Scheuerpaste kann man auch in größeren Mengen auf Vorrat herstellen und in passenden, gut verschließbaren Behältern lagern. Sie ist für Arbeitsflächen, Herdplatten und Spüle gleichermaßen gut geeignet. Nach dem Schrubben mit einem nassen Schwamm sollte man ausgiebig mit Wasser nachwischen, um die letzten Spuren von Salz und Soda zu entfernen.

SCHEUERMILCH MIT SALZ UND SALBEI

100 g Salz, 20 g getrockneter, fein gemahlener Salbei
100 ml kochendes Wasser
50 g Natron, 10 Tropfen ätherisches Salbeiöl

Den getrockneten, fein gemahlenen Salbei mit dem kochenden Wasser übergießen und etwa zehn Minuten ziehen lassen. Nicht abseihen! Etwas abkühlen lassen, dann Salz und Natron einrühren und weiterrühren, bis sich beides vollständig aufgelöst hat. Nach dem Abkühlen auf Zimmertemperatur das ätherische Salbeiöl einrühren und in eine Flasche füllen.

❋ **Von dieser kraftvollen Scheuermilch reichen geringe Mengen, um auch stark verschmutzte und fettige Flächen sauber zu bekommen. Nach dem Scheuern mit einem nassen Schwamm sollte man mit Wasser nachwischen, um letzte Spuren der Scheuermilch zu entfernen.**

SCHEUERMILCH MIT THYMIAN

30 g getrockneter, fein gemahlener Thymian
150 ml kochendes Wasser, 150 ml Flüssigseife
30 g Waschsoda, 10 Tropfen ätherisches Thymianöl

Der getrocknete und fein gemahlene Thymian wird in einem passenden Gefäß mit dem kochenden Wasser übergossen. Zehn Minuten ziehen lassen, nicht abseihen, sondern gleich die Flüssigseife einrühren. Sobald diese mit dem Thymianabsud eine gleichmäßige Brühe bildet, das Soda einrühren und weiterrühren, bis sich dieses vollständig aufgelöst hat. Nach dem Abkühlen rührt man das ätherische Thymianöl unter und füllt die Scheuermilch in eine Vorratsflasche.

❋ **Diese Scheuermilch löst mit ein bisschen Schrubben auch hartnäckige und fettige Verschmutzungen. Nach dem Nachwischen mit Wasser bleibt auf der blitzblanken Fläche ein feiner Thymianduft zurück.**

SCHEUERMILCH MIT KRÄUTERN
SCHRITT FÜR SCHRITT

1. Die fein zerkleinerten Kräuter mit kochendem Wasser übergießen und ziehen lassen.

2. Kernseife zu Flocken schaben …

3. … und abwiegen.

4. Seifenflocken in den Kräuterabsud einrühren.

5. Gut durchrühren und in eine Flasche abfüllen.

Natürlich frisch und rein

SEIFIGE SCHEUERMILCH MIT KRÄUTERN

40 g geschabte Kernseife oder Seifenflocken

20 g getrockneter, fein gemahlener Rosmarin

20 g getrockneter, fein gemahlener Thymian

300 ml kochendes Wasser

Die fein gemahlenen Kräuter werden mit dem kochenden Wasser übergossen. Etwa zehn Minuten ziehen lassen. Daneben kann man schon die Kernseife zu Flocken schaben oder die fertigen Seifenflocken abwiegen. Den Kräuterabsud dann noch einmal kurz aufkochen und die Seifenflocken einrühren. Vom Herd nehmen und so lange rühren, bis sich die Seife vollständig aufgelöst hat. Die feinen Kräuterpartikel bleiben in der Scheuermilch. Sie erhöhen die Reibung beim Schrubben und damit die Wirksamkeit der Scheuermilch.

 Nach dem Abkühlen auf Zimmertemperatur füllt man die Scheuermilch in eine geeignete Flasche ab. Sie ist für alle Fälle nicht zu starker Verschmutzung geeignet und hinterlässt einen zarten Kräuterduft.

JOGHURT-SCHEUERMILCH

100 g gemahlene Mandeln

50 ml Joghurt

30 g Waschsoda

Hört sich fast wie ein Kochrezept an, ist aber für das gedacht, was nach dem Kochen weggeschrubbt werden soll. Man verrührt gemahlene Mandeln und Waschsoda in Joghurt zu einer Paste. Diese wird mit einem feuchten Schwamm auf der zu reinigenden Fläche verrieben, bis auch die letzte Schmutzspur verschwunden ist. Danach wischt man mit Wasser gründlich nach.

Küche

Backofenreiniger

In jedem Supermarkt findet man ein ganzes Regal voll Backofenreinigern, die sich an Reinigungskraft gegenseitig zu übertreffen suchen. Genauso ist es aber auch mit den enthaltenen unangenehmen und schädlichen Chemikalien, denn in dieser Hinsicht gehören Backofenreiniger zu den Spitzenreitern. Weil sich diese Chemiecocktails nie völlig rückstandslos aus dem Backofen entfernen lassen, verbrennen sie dort, sobald Sie Ihren nächsten Kuchen backen. Das riecht nicht nur ekelhaft – die im Rauch der verbrannten Chemikalien enthaltenen Schadstoffe können sich auch in Ihrem Kuchen ablagern. Grund genug also, Reinigungsmittel für den Backofen selbst zu machen. So bekommt man eine gute, weil brauchbare Alternative zu den industriell hergestellten Reinigern.

- Das Schrubben ersparen Sie sich allerdings nicht. Der Backofen ist an sich schon nicht so einfach zu putzen wie etwa eine ebene Arbeitsfläche. Wenn sich an den Seitenwänden und am Boden des Backofens verbrannte und verkrustete Speisereste ansammeln, dann hilft eben nur Schrubben. Auch unsere selbst gemachten Backofenreiniger sind keine Wundermittel, die solche Krusten ganz ohne Schrubben entfernen könnten.

- Ein stark verschmutzter Backofen lässt sich leichter reinigen, wenn es vor der Reinigung auf mindestens 50 und höchstens 100 °C erwärmt wird. Man schaltet dann das Rohr aus, entnimmt Roste und Backbleche und verteilt die Reinigungspaste mit einem Schwamm gleichmäßig auf Seitenwände, Boden und eventuell auch auf verschmutzte Stellen an der Rückwand. Weil sich an der Rückwand Gebläse, Beleuchtung und Heizelemente befinden, ist dort entsprechende Vorsicht geboten. Auch können sich am Boden Lüftungsschlitze befinden. Diese sollte man mit Alufolie abdecken. Man lässt die Paste etwa eine halbe Stunde einwirken und wischt sie dann mit einem Scheuerlappen ab. Bei sehr hartnäckigen Verkrustungen wird man vielleicht etwas schrubben müssen. Ausgiebiges Nachwischen mit Schwamm und Wasser ist nötig, um alle Reste der Reinigungspaste rückstandslos zu entfernen.

Küche

REINIGUNGSPASTE
FÜR EINEN STARK VERSCHMUTZTEN BACKOFEN

100 g Salz
50 g Waschsoda
300 g Natron
100 ml Wasser
100 ml weißer Essig
10 Tropfen ätherisches Zitrusöl

Salz, Soda und Natron werden in einem geeigneten Behälter gut durchmischt. Dann gibt man unter ständigem Rühren so lange löffelweise abwechselnd Wasser und Essig dazu, bis eine geschmeidige Paste entsteht. Schließlich rührt man das ätherische Zitrusöl unter.

EINFACHER SPRÜHREINIGER
FÜR DEN BACKOFEN

100 g Waschsoda
100 ml Flüssigseife
100 ml Wasser

Flüssigseife und Wasser vermischen, Waschsoda einrühren und weiterrühren, bis es sich vollständig aufgelöst hat. Diesen Flüssigreiniger füllt man in eine Sprühflasche und sprüht ihn auf Wände und Boden des Backofens. Nach einer Einwirkzeit von etwa einer Viertelstunde kann man die Verschmutzungen abwischen. Anschließend wischt man mit Wasser nach, um eventuelle Reste von Seife und Soda zu entfernen.

 Dieser einfache Reiniger wirkt besonders gut, wenn man den Backofen vor der Reinigung auf eine Temperatur von etwa 50 °C aufheizt und dann ausschaltet.

ZWEIPHASEN-BACKOFENREINIGER

100 ml Essigessenz

200 ml Wasser

10 Tropfen ätherisches Zitrusöl

30 g Salz

100 g Natron

30 ml Flüssigseife

etwas Wasser

Für die erste Phase dieses Reinigers für einen stark verschmutzten Backofen mischt man die Essig-Essenz mit dem Wasser und dem ätherischen Öl. Diese Flüssigkeit kommt in eine Sprühflasche. Man besprüht damit die Wände und den Boden des Backofens, am besten zweimal hintereinander mit einer Viertelstunde Abstand dazwischen. Für die zweite Phase verrührt man Salz, Natron und Flüssigseife unter löffelweiser Zugabe von Wasser zu einer Paste. Diese streicht man, sobald die flüssige erste Phase etwas abgetrocknet ist, auf die Wände und den Boden des Backofens und lässt sie einige Stunden einwirken. Dann wischt man sie mit einem nassen Lappen ab. Sorgfältiges Nachwischen mit Wasser ist nötig, um letzte Spuren von Seife und Natron zu entfernen.

BACKOFENREINIGER-KONZENTRAT

100 g Natron

50 g geschabte Kernseife oder Seifenflocken

250 ml kochendes Wasser

15 Tropfen ätherisches Zitrusöl

Geschabte Kernseife oder Seifenflocken werden mit dem kochenden Wasser übergossen und so lange gerührt, bis sich die Seife vollständig aufgelöst hat. Dann rührt man das Natron unter, wiederum bis zur vollständigen

Auflösung, und nach dem Abkühlen der Lösung das ätherische Zitrusöl. Das so erhaltene Konzentrat füllt man in eine Vorratsflasche. Für den Gebrauch wird das Konzentrat mit zwei Teilen Wasser verdünnt, in eine Sprühflasche gefüllt und auf Wände und Boden des warmen (etwa 50 °C) Backofens gesprüht. Nach einer Einwirkzeit von etwa einer Viertelstunde wischt man es mitsamt dem Schmutz mit einem feuchten Lappen ab. Anschließend wird mit Wasser nachgewischt.

 Diesen Backofenreiniger kann man auch in größeren Mengen auf Vorrat herstellen. Er leistet bei moderater Verschmutzung des Backofens und der Reinigung nach dessen Benutzung gute Dienste.

KOCHPLATTENREINIGER

Wer noch einen Herd mit den runden, schwarzen Kochplatten hat, weiß, wie aufreibend deren Reinigung manchmal sein kann. Mit diesem Reiniger, den man auf die warmen – aber nicht heißen! – Kochplatten aufträgt, geht es viel einfacher.

100 ml Flüssigseife

50 ml heißes Wasser

20 g Natron

20 g Salz

10 Tropfen ätherisches Zitrusöl

Flüssigseife, Natron und Salz mit dem heißen Wasser zu einer glatten Paste verrühren und dann das ätherische Zitrusöl einrühren. Man kann diese Reinigungspaste in einem luftdicht verschließbaren Plastikbecher aufbewahren. Bei Bedarf streicht man sie auf die verschmutzte Kochplatte, lässt sie einige Zeit einwirken und wischt sie dann mit einem nassen Schwamm ab. Nur bei stark eingebrannten Verkrustungen wird man anschließend noch Scheuerpulver brauchen.

Kühlschrank- und Mikrowellenreiniger

Kühlschrank und Mikrowelle sind jene Küchengeräte, an denen sich besonders leicht Fett und Schmutz ansetzen, auch in Form fettiger Fingerabdrücke auf ihren Außenseiten. Besonders im Kühlschrank setzen sich oft auch unangenehme Gerüche fest. Man sollte den Kühlschrank deshalb regelmäßig abtauen und mit einem Reiniger gründlich auswischen. Die Rezepte für die folgenden Reinigungsmittel enthalten meist ätherische Öle, die zusätzlich zur Sauberkeit auch für weitestgehende Keimfreiheit und einen frischen Geruch sorgen.

FETTLÖSENDER KÜHLSCHRANKREINIGER

- 30 g geschabte Kernseife oder Seifenflocken
- 250 ml kochendes Wasser
- 20 g Natron
- 10 Tropfen ätherisches Rosmarin-, Lavendel- oder Zitrusöl

Die Seifenflocken bzw. jene aus geschabter Kernseife werden in einem passenden Behälter mit dem kochenden Wasser übergossen. Man rührt die Seifenlösung so lange, bis die Seife vollständig aufgelöst ist. Dann rührt man das Natronpulver unter, ebenfalls bis zur vollständigen Lösung, und schließlich das ätherische Öl. Dieser Reiniger kann in eine Vorratsflasche oder auch in eine Sprühflasche gefüllt werden. Man muss ihn allerdings vor jedem Gebrauch gut schütteln, weil die Seife dazu neigt, sich am Boden abzusetzen. Man sprüht den Reiniger großzügig auf die zu reinigende Fläche oder trägt ihn mit einem Schwamm auf und lässt ihn kurz einwirken. Dann wischt man die Flächen mit einem nassen Schwamm ab und anschließend mit einem Tuch trocken. Dieser Reiniger ist nicht nur für den Kühlschrank geeignet, sondern für alle Küchengeräte, von denen Fett oder fettige Verschmutzungen entfernt werden sollen.

KÜHLSCHRANKREINIGER MIT ALKOHOL

100 ml Wasser
100 ml weißer Essig
100 ml Ansatzalkohol (70 %)
15 Tropfen ätherisches Zitrusöl

Alle Zutaten werden miteinander vermischt und in eine Sprühflasche gefüllt. Man sprüht den Reiniger auf Innenwände, Innenseite der Tür und Boden des Kühlschranks, lässt ihn kurz einwirken und wischt die Flächen dann mit einem nassen Lappen ab. Auch die Außenseite der Tür lässt sich mit diesem Reiniger von Schmutz befreien.

KÜHLSCHRANKREINIGER MIT ZITRUSKRAFT

100 ml Essigessenz
etwa 50 ml Zitronensaft
200 ml Wasser
20 g Natron
10 Tropfen ätherisches Zitrusöl

Man presst ein bis zwei Zitronen aus – es sollten sich etwa 50 ml Saft ergeben – und filtert den Saft durch einen Kaffeefilter, um auch feinste Fruchtfleischreste zu entfernen. Dann gießt man ihn in einen ausreichend großen Behälter, füllt mit Wasser auf und rührt das Natronpulver ein. Wenn das Natron völlig aufgelöst ist, gießt man die Essigessenz in die Lösung und rührt wiederum gut durch. Schließlich rührt man das ätherische Zitrusöl in die Lösung und füllt den Reiniger in eine Sprühflasche.

Küche

KÜHLSCHRANKREINIGER MIT SALZ

20 g Salz

300 ml kochendes Wasser

100 ml weißer Essig

10 Tropfen ätherisches Pfefferminz- oder Melissenöl

Das Salz in einen geeigneten Behälter streuen, mit dem kochenden Wasser übergießen und durch Rühren vollständig auflösen. Etwas abkühlen lassen, dann den Essig und schließlich das ätherische Öl einrühren. Nach dem Abkühlen füllt man den Reiniger in eine Sprühflasche. Man sprüht ihn auf alle Innen- und bei Bedarf auch Außenflächen des Kühlschranks und wischt nach einer kurzen Einwirkzeit mit einem nassen Schwamm nach.

 Diesen Reiniger kann man übrigens auch verwenden, um das Gefrierfach abzutauen. In diesem Fall lässt man das ätherische Öl weg. Den Rest bringt man zum Kochen, gießt die Lösung in eine breite Schüssel und stellt diese in das – natürlich abgeschaltete – Gefrierfach. Die aufsteigenden Dämpfe lösen rasch das Eis und auch Spuren von Verschmutzung.

MIKROWELLENREINIGER MIT ESSIG

50 g Natron, 50 ml Essigessenz
100 ml Wasser
10 Tropfen ätherisches Thymian- oder Zitrusöl

Wasser und Essigessenz miteinander vermischen, dann das Natronpulver einrühren, bis es vollständig aufgelöst ist. Schließlich wird das ätherische Thymian- oder Zitrusöl eingerührt. Diesen Reiniger kann man in eine Sprühflasche füllen und den Innenraum der Mikrowelle damit besprühen. Man sollte aber technische Elemente – Ventilator, Kupplung für Drehteller, Lüftungsschlitz – sorgfältig aussparen. Nach einer kurzen Einwirkzeit wischt man den Innenraum mit einem feuchten Schwamm aus und mit einem Tuch trocken. Den Drehteller sollte man vor der Reinigung herausnehmen und gesondert reinigen. Dass der Netzstecker des Geräts während der Reinigung aus der Steckdose gezogen ist, sollte eigentlich selbstverständlich sein.

REINIGUNGSPASTE FÜR DIE MIKROWELLE

100 g Natron, 1–2 Esslöffel Essig
10 Tropfen ätherisches Zitrusöl

Das Natronpulver wird unter löffelweiser Zugabe von Essig zu einer Paste verrührt. Anschließend rührt man das ätherische Zitrusöl unter. Nachdem man den Netzstecker gezogen und den Drehteller entnommen hat, wird diese Paste auf die Innenflächen der Mikrowelle aufgetragen. Man lässt diese etwas antrocknen und wischt sie dann mit einem feuchten Schwamm ab. Mit einem Tuch trockenwischen, damit keine Natronreste in der Mikrowelle verbleiben.

❋ **Diese Reinigungspaste ist besonders dafür geeignet, unangenehme Gerüche aus der Mikrowelle zu entfernen oder sie generell einer Auffrischung zu unterziehen.**

SALZPASTE FÜR DIE MIKROWELLE

100 g Natron, 50 g Salz
100 ml heißes Wasser
10 Tropfen ätherisches Zitrusöl

Natron und Salz werden vermischt und unter löffelweiser Zugabe von heißem Wasser zu einer dickflüssigen Paste gerührt. Schließlich rührt man das ätherische Zitrusöl unter. Nach dem Ziehen des Netzsteckers und der Entnahme des Drehtellers wird die Paste auf die Innenflächen der Mikrowelle gestrichen. Lüftungsschlitze, Kupplung für Drehteller und andere technische Elemente sollte man dabei sorgfältig aussparen. Die Paste lässt man kurz einwirken und wischt sie dann mit einem feuchten Tuch ab. Mit einem nassen Schwamm nach- und anschließend trockenwischen.

❀ Diese Reinigungspaste wirkt besonders gegen angebrannte Reste, wie man sie öfters auf den Seitenwänden und auf dem Boden der Mikrowelle findet.

SPRÜHREINIGER MIT BESONDERER FETTLÖSEKRAFT

40 g Seifenflocken
250 ml kochendes Wasser
20 g Natron, 20 g Salz
10 Tropfen ätherisches Zitrusöl

Die Seifenflocken werden in einer passenden Schüssel mit dem kochenden Wasser übergossen und durch Rühren vollständig aufgelöst. Natron und Salz werden miteinander vermischt und in die Seifenlösung eingerührt. Sind auch diese beiden Zutaten vollständig aufgelöst, rührt man das ätherische Zitrusöl unter und füllt den Reiniger in eine Sprühflasche. Vor Gebrauch ausgiebig zu schütteln ist bei diesem Reiniger besonders wichtig, weil sich die gelösten Stoffe auf dem Boden der Flasche absetzen können. ❀

Badezimmer

KAPITEL 7

DESINFEKTIONSMITTEL ... 90

SCHIMMELENTFERNER ... 92

UNIVERSALREINIGER ... 97

SPIEGELREINIGER ... 98

SCHEUERPULVER, -MITTEL UND -PASTE ... 99

TOILETTENREINIGER ... 107

HOHE ANSPRÜCHE AN SAUBERKEIT UND HYGIENE STELLT MAN AN DAS BADEZIMMER. DIESE ANSPRÜCHE KANN MAN AUCH MIT SELBST GEMACHTEN REINIGUNGS- UND DESINFEKTIONSMITTELN ERFÜLLEN.

Hygienisch rein mit frischem Duft

Badezimmer und Toilette sind neben der Küche die Räume, an die wir die höchsten Ansprüche hinsichtlich Sauberkeit und Hygiene stellen. Das kommt auch im Verbrauch der entsprechenden Reinigungsmittel zum Ausdruck. Natürlich lässt man dem Badezimmer nicht grundlos diese besondere Aufmerksamkeit zukommen. Schon wegen seines Verwendungszwecks ist es Nährboden für Bakterien und Pilze. Man wäscht sich dort, putzt die Zähne, kämmt sein Haar, rubbelt abgestorbene Hautzellen weg. Dazu kommt noch die im Vergleich zu anderen Räumen der Wohnung deutlich erhöhte Luftfeuchtigkeit. Oft steht im Badezimmer auch die Waschmaschine und vielleicht noch ein Wäschetrockner, beides Geräte, deren Betrieb die Luftfeuchtigkeit erhöht.

Die wichtigste Maßnahme ist deshalb das ausgiebige Lüften des Badezimmers. Weil Moder und Schimmel aber trotzdem einen Weg finden können, um sich dort anzusetzen, ist auch die entsprechende Reinigung und Desinfektion nötig. Man braucht dazu aber nicht die Chemiebomben aus dem Supermarkt. Zum Glück gibt es eine Reihe von Reinigungs- und auch Desinfektionsmitteln, die man einfach, kostengünstig und gesundheitsverträglich selber erzeugen kann. Optimale Sauberkeit und Hygiene in Badezimmer und Toilette sind nicht von industriell hergestellten Produkten abhängig, sondern vor allem vom „Gewusst wie"!

Einige altbewährte Tricks helfen dabei, einerseits den Putzaufwand so gering wie möglich zu halten und andererseits ohne viel Aufwand ein immer sauberes und frisch duftendes Badezimmer zu haben.

FRISCHEN DUFT im Badezimmer bekommt man, indem man einige Tropfen eines ätherischen Öls auf die Pappröhre des Toilettenpapiers träufelt. Das Öl kann man je nach persönlicher Duftvorliebe aussuchen. Jedes Mal, wenn man Toilettenpapier benutzt, bewegt sich die Rolle, und der Duft verteilt sich im Raum.

KÄMME UND BÜRSTEN werden täglich benutzt, und das sieht man ihnen leider oft an. Haare und Hautschuppen, die sich zwischen Borsten und Zähnen ansammeln, sollte man regelmäßig entfernen. Ist die Ansammlung schon etwas beträchtlicher, kann man die Kämme und Bürsten in ein Gefäß stellen, das je zur Hälfte mit Essig und Wasser gefüllt ist. Dazu einige Tropfen ätherisches Teebaum- oder Eukalyptusöl – das sorgt für Keimfreiheit und frischen Duft. Nach etwa einer halben Stunde nimmt man Kämme und Bürsten aus ihrem Bad, reinigt sie mit einer alten Zahnbürste und spült sie mit Wasser ab.

FRISCHE AUF DER TOILETTE entsteht nicht durch die diversen Produkte der chemischen Industrie. Man erreicht sie auch mit ganz und gar natürlichen Mitteln, etwa einem Potpourri. Das ist einfach eine Schale, in die man duftende Kräuter gibt. Frische Kräuter halten ihren Duft nur sehr kurz, weshalb man besser zu getrockneten greift und diese auch noch mit einigen Tropfen ihres ätherischen Öls „beduftet". So gibt ein Potpourri seinen Duft oft ein bis zwei Wochen lang ab. Man kann zu den Kräutern auch Blüten legen, wie sie die Jahreszeit gerade anbietet, und so aus der Duftschale auch noch ein sehr dekoratives Element für die Toilette machen.

BADEMATTEN + TOILETTENVORLEGER gehören zwar regelmäßig in die Waschmaschine, die Abstände kann man aber vergrößern, wenn man sie zwischendurch öfters mal einer Schnellreinigung unterzieht. Dazu gibt man in eine Tasse Natron einige Tropfen eines beliebigen ätherischen Öls, mischt es gut unter und bestreut mit diesem Pulver die Matten. Nach einer halben Stunde Einwirkzeit saugt man das Pulver einfach mit dem Staubsauger ab.

VERSTOPFTE ABFLÜSSE von Waschbecken, Duschtasse und Badewanne bekommt man mit Waschsoda und kochendem Wasser frei. Man streut das Sodapulver in den Abfluss und gießt langsam das kochende Wasser darüber, bis sich das Sodapulver vollständig aufgelöst hat. Einige Zeit einwirken lassen, dann ausgiebig mit Wasser nachspülen – was sicher Spaß macht, wenn man das Blubbern des nun wieder freien Abflusses hört!

Desinfektionsmittel

Desinfektionsmittel sollen nicht nur Bakterien und Keimen den Garaus machen, sondern auch Pilzsporen, Schimmel und Moder verhindern oder eliminieren. Besonders anfällig für Letztere sind Fensterrahmen aus Holz – so sie welche haben – und Duschvorhänge. Wichtig ist deshalb die ausreichende Belüftung. Was Duschvorhänge angeht, so sollten sie aus einem Material bestehen, das eine Maschinenwäsche verträgt. Hängt man sie nach dem Waschen zum Trocknen in der prallen Sonne auf, so haben Moder und Schimmel keine Chance, sich darauf festzusetzen. Für alle anderen Fälle, in denen Desinfektion nötig ist, sind die selbst gemachten Desinfektionsmittel bestens geeignet. Sie eliminieren Bakterien, Keime, Pilzsporen und, bei Zugabe der entsprechend wirksamen ätherischen Öle, auch Viren.

DESINFEKTIONSSPRAY MIT ZEDERNÖL

20 g Natron

250 ml warmes Wasser

15 Tropfen ätherisches Zedernöl

Das Natron wird im warmen Wasser durch Rühren vollständig aufgelöst. Dann gibt man das ätherische Zedernöl dazu und füllt das Ganze in eine Sprühflasche. Dieses Desinfektionsspray wirkt genauso gut wie das beste aus dem Supermarktregal, riecht aber unvergleichlich besser. Und wenn Sie statt Zedern- lieber Fichtenduft mögen, dann nehmen Sie einfach statt ätherischem Zedernöl jenes der Kiefer!

DESINFEKTIONSSPRAY MIT THYMIAN

250 ml kochendes Wasser
5 frische Thymianzweige
30 g Natron
10 Tropfen ätherisches Thymianöl

Die frischen Thymianzweige werden in einer passenden Schale mit kochendem Wasser übergossen. Man lässt sie etwa eine halbe Stunde ziehen, seiht den Auszug ab und rührt das Natronpulver unter. Sobald Letzteres vollständig aufgelöst ist, gibt man das ätherische Thymianöl dazu und füllt die Flüssigkeit in eine Sprühflasche. Nach ausgiebigem Schütteln der Flasche sprüht man dieses sehr wirksame Desinfektionsmittel auf die Flächen in Bad oder Toilette und wischt sie mit einem feuchten Schwamm sauber. So einfach und gesundheitsverträglich kann man Desinfektionsspray selber machen!

DESINFEKTIONSSPRAY FÜR DIE TOILETTE

100 ml weißer Essig
150 ml Ansatzalkohol
20 Tropfen Teebaumöl

Alle Zutaten werden miteinander vermischt und in eine Sprühflasche gefüllt. Dieses Desinfektionsspray wird mit Bakterien und Keimen jeder Art fertig und sorgt auch noch für einen frischen Duft. Wegen seiner Intensität sollte er aber nur in sparsamen Mengen gebraucht werden.

Schimmelentferner

ANTI-SCHIMMEL-SPRAY

- 100 ml weiße Essigessenz
- 100 ml Wasser
- 5 Tropfen ätherisches Zimtöl
- 15 Tropfen ätherisches Teebaumöl

Alle Zutaten werden miteinander vermischt und in eine Sprühflasche gefüllt. Man sprüht diesen wirkungsvollen Schimmelkiller auf Schimmelflecken an der Wand und andere Stellen, die von Schimmel befallen sind. Man wischt ihn nicht ab, sondern lässt ihn antrocknen. Erst nach einigen Stunden wischt man mit einem weichen Tuch ab und wiederholt den Vorgang, jedoch ohne Abwischen nach dem Trocknen.

SCHIMMELKILLER MIT ALKOHOL

- 100 ml Ansatzalkohol (70 %)
- 100 ml Wasser
- 5 Tropfen ätherisches Thymianöl
- 10 Tropfen ätherisches Teebaumöl

Alle Zutaten miteinander vermischen und in eine Sprühflasche füllen. Von Schimmel befallene Stellen damit besprühen, antrocknen lassen und diesen Vorgang mehrmals wiederholen. Man kann diese Schimmelkiller auch vorbeugend auf gefährdete Stellen, in Fugen und Ritzen sprühen und dort antrocknen lassen. Bei Gummidichtungen und Kunststoffteilen ist jedoch Vorsicht geboten, weil sie durch den Alkohol matt und bei häufigem Kontakt sogar porös werden können.

ANTI-SCHIMMEL-SPRAY – SCHRITT FÜR SCHRITT

1. Essigessenz mit Wasser mischen.

2. Ätherisches Öl unterrühren.

3. In eine Sprühflasche abfüllen.

4. Den Schimmelfleck mit dem Spray besprühen und mit einem weichen Tuch abwischen. Den Vorgang mehrmals wiederholen, nach dem letzten Mal nicht abwischen, sondern antrocknen lassen.

SPRAY GEGEN MODER UND SCHIMMEL

250 ml Wasser

10 Tropfen Zitruskernextrakt

10 Tropfen ätherisches Teebaumöl

Zitruskernextrakt und Teebaumöl werden im Wasser verrührt und dieses in eine Sprühflasche gefüllt. Dieses Desinfektionsmittel eignet sich bestens zur Vorbeugung gegen Moder und Schimmel. Man sprüht es auf alle Stellen im Bad, wo sich kondensierende Feuchtigkeit bildet, von der Tür des Badezimmerschranks bis zum Duschvorhang sowie in alle Fugen und Ritzen. Diese Mixtur wird in ausgiebiger Menge auf die entsprechenden Stellen gesprüht und danach nicht abgewischt. Man lässt sie einfach bei guter Durchlüftung des Raumes abtrocknen.

Universalreiniger

Um besonders empfindliche Oberflächen, wie Marmor zu schonen, eignet sich der normale Allzweckreiniger nicht. Hier kommt ein milder Badreiniger zum Einsatz, der Verschmutzungen und Kalkablagerungen zuverlässig entfernt.

MILDER UNIVERSALREINIGER FÜR DAS BAD

150 ml weißer Essig

20 ml Kokostensid

100 ml Wasser

10 Tropfen ätherisches Lavendelöl

Das Wasser aufkochen und das Kokostensid darin verrühren. Etwas abkühlen lassen, dann Essig und schließlich das ätherische Lavendelöl unterrühren. Dieser Reiniger ist so dünnflüssig, dass man ihn in eine Sprühflasche füllen kann. Weil das Kokostensid aber dazu neigt, sich am Boden abzusetzen, sollte man die Sprühflasche vor jedem Gebrauch gut schütteln.

 Kokostensid ist ein reines Naturprodukt, das man in Drogerien, Reformhäusern und auch in vielen Bioläden um wenig Geld bekommt.

Spiegelreiniger

Verschmutzungen entfernen und das noch streifenfrei – das schafft nur ein guter Spiegelreiniger. Wenn er dann auch noch den Nebeneffekt hat, dass der Spiegel nicht mehr beschlägt, ist es eine reine Wunderwaffe.

EXPRESS-SPIEGELREINIGER

100 ml weißer Essig
200 ml destilliertes Wasser
50 ml Spiritus
10 Tropfen ätherisches Eukalyptusöl

Alle Zutaten werden miteinander vermischt und in eine Sprühflasche gefüllt. Bei Bedarf wird der Reiniger auf den Spiegel gesprüht, abgewischt und schon glänzt er in streifenloser Sauberkeit.

SPIEGELREINIGER MIT ANTI-BESCHLAG-WIRKUNG

100 ml Essigessenz
150 ml Wasser
10 Tropfen ätherisches Zitrusöl

Alle Zutaten werden miteinander vermischt und in eine Sprühflasche gefüllt. Vor Gebrauch gut schütteln, dann aufsprühen und mit einem trockenen Lappen abwischen. Dieser Reiniger hat den Nebeneffekt, dass die mit seiner Hilfe gereinigten Spiegel nicht mehr beschlagen, wenn sie von Dunst und Dampf aus der Duschkabine umschmeichelt werden.

Scheuerpulver, -mittel und -paste

Für alles, was gescheuert und geschrubbt werden sollte, sind die bei den Küchenreinigern angeführten Scheuermittel durchaus geeignet. Weil aber in Bad und Toilette noch mehr Wert auf antibakterielle und desinfizierende Eigenschaften gelegt wird und es durchaus wünschenswert ist, wenn das Scheuermittel auch für einen frischen Kräuterduft sorgt, gibt es natürlich eine Reihe von Scheuermittelrezepten speziell für Badezimmer und Toilette.

SCHEUERPULVER MIT KRÄUTERN

100 g Natron
20 g getrocknete Salbeiblätter
20 g getrocknete Rosmarinblätter
1 Päckchen Weinsteinbackpulver

Die getrockneten Salbei- und Rosmarinblätter werden im Mörser zu einem groben Pulver zerrieben, anschließend mit Natron und Backpulver vermischt und in ein passendes Gefäß gegeben. Ideal ist ein Streubehälter. Das Scheuerpulver wird in Waschbecken, Badewanne oder Duschtasse gestreut. Man schrubbt dann mit einem nassen Lappen oder Schwamm und spült gut mit Wasser nach. Die groben Teilchen der Kräuter erhöhen nicht nur die Lösekraft des Reinigers, sondern auch die Reibung zwischen Lappen und Schmutz.

SCHEUERPULVER MIT ROSMARIN

100 g Natron
100 g Waschsoda
30 g getrocknete Rosmarinblätter
10 Tropfen ätherisches Rosmarinöl

Die getrockneten Rosmarinblätter werden im Mörser zu einem groben Pulver zerrieben, mit Natron und Waschsoda gut vermengt und schließlich mit dem ätherischen Rosmarinöl beträufelt. Das Ganze noch einmal gut durchmischen und in ein Gefäß füllen, am besten in eines mit Streueinsatz. Das Scheuerpulver wird auf die zu reinigende Fläche gestreut, dann wird mit einem nassen Lappen oder Schwamm geschrubbt und mit Wasser gründlich nachgespült.

SCHEUERPULVER GEGEN FLECKEN

150 g Natron
1 Päckchen Weinsteinbackpulver
abgeriebene Schale von zwei Zitronen

Abgeriebene Zitronenschale, Natron und Backpulver werden gut miteinander vermischt und in einen geeigneten Behälter gefüllt. Das Scheuerpulver wird auf die zu reinigende Fläche gestreut, dann wird geschrubbt und schließlich mit Wasser nachgespült. Dieses Pulver wirkt besonders gut gegen hartnäckige Flecken und hat eine milde Bleichwirkung.

SCHEUERPULVER GEGEN FETT UND SEIFENRESTE

100 g Waschsoda
100 g Natron
50 g Salz

Alle Zutaten werden gut miteinander vermischt und in einen geeigneten Behälter gefüllt, am besten in einen mit Streueinsatz. Man gibt das Scheuerpulver auf einen nassen Schwamm oder Lappen und schrubbt damit Waschbecken oder Badewanne. Dieses Scheuerpulver löst fettigen Schmutz und Seifenreste besonders gut. Gründliches Nachspülen mit Wasser lässt alle Rückstände des Pulvers im Abfluss verschwinden.

SCHÄUMENDES SCHEUERPULVER

100 g Natron
5 Tropfen ätherisches Zitronenöl
100 ml weißer Essig

Das Natron wird mit dem ätherischen Zitronenöl gut vermengt. Man streut dieses Scheuerpulver in das Waschbecken und gießt den Essig darüber. Das schäumt nun ausgiebig. Sobald es das nicht mehr tut, wischt man mit einem nassen Schwamm oder Lappen das Waschbecken sauber und spült mit Wasser nach.

DESINFIZIERENDES SCHEUERMITTEL MIT ZITRONE

150 g Natron
30 g getrocknete Zitronenmelissen-Blätter
abgeriebene Schale einer Zitrone
15 Tropfen ätherisches Zitrusöl

Die getrockneten Blätter der Zitronenmelisse werden im Mörser zu einem groben Pulver vermahlen, mit dem Natron und der abgeriebenen Schale einer Zitrone vermischt und schließlich mit dem ätherischen Zitrusöl beträufelt. Das Ganze gut durchmengen und in einen luftdicht verschließbaren Behälter füllen. Das Scheuerpulver wird bei Bedarf auf die zu reinigende Fläche gestreut, mit einem nassen Lappen oder Schwamm wird geschrubbt und dann gründlich mit Wasser nachgespült. Danach ist nicht nur das Waschbecken oder die Badewanne sauber, es sind auch Bakterien und Keime eliminiert und im Abfluss entsorgt. Dieses Scheuermittel hat eine immense antibakterielle und keimtötende Wirkung!

SCHEUERMITTEL MIT ZITRONE
SCHRITT FÜR SCHRITT

1. Zitronenmelisse im Mörser zu grobem Pulver vermahlen.

2. Schale einer Zitrone abreiben.

3. In einer Blechdose Zitronenmelisse, Zitronenschale und Natron vermengen.

4. Das Gemenge mit ätherischem Öl beträufeln …

5. … und ausgiebig schütteln.

DESINFIZIERENDES SCHEUERMITTEL MIT ROSMARIN

100 g Natron

100 g Waschsoda

30 g getrocknete Rosmarinblätter

15 Tropfen ätherisches Rosmarinöl

Die getrockneten Rosmarinblätter werden im Mörser zu einem groben Pulver zermahlen. Dann vermischt man das Pulver mit Natron und Waschsoda und beträufelt das Gemenge mit dem ätherischen Rosmarinöl. Gut durchmischen, damit das ätherische Öl mit allen Teilen des Pulvers in Berührung kommt, und in einen luftdicht verschließbaren Behälter füllen.

 Dieses Scheuerpulver duftet so, dass Sie denken, im Garten zu putzen. Außerdem erhöhen die grob zerkleinerten Teile der Rosmarinblätter die Scheuerwirkung enorm!

SANFTE SCHEUERPASTE MIT LAVENDEL

150 g Natron

50 g Trockenmilchpulver

100 ml flüssige Kernseife

10 Tropfen ätherisches Lavendelöl

etwas Wasser

Natron und Trockenmilchpulver werden in der flüssigen Kernseife verrührt. Dann mengt man das ätherische Lavendelöl unter und rührt unter Zugabe von wenig Wasser so lange weiter, bis eine glatte Paste entstanden ist. Diese füllt man in eine geeignete Flasche, am besten eine Plastik-Spritzflasche. Das erleichtert die Dosierung. Dieses sanfte Scheuermittel sollte für alle Fälle üblicher Verschmutzung in Badezimmer und Toilette ausreichen. Und es hindert Sie natürlich niemand daran, die flüssige Kernseife selbst aus Seifenflocken oder geschabter fester Kernseife herzustellen.

SCHEUERPASTE FÜR WANNE UND FLIESEN

150 ml Flüssigseife

50 g Natron

5 Tropfen ätherisches Teebaum- oder Eukalyptusöl

etwas Wasser

Flüssigseife und Natron in einer passenden Schale verrühren, das ätherische Öl unterrühren und unter löffelweiser Zugabe von Wasser so lange weiterrühren, bis eine glatte, eher dünnflüssige Paste entsteht. Diese füllt man in eine verschließbare Flasche. Die Paste wird auf die Flächen der Badewanne oder die Fliesen aufgetragen und mit einem nassen Schwamm oder Lappen so lange verrieben, bis die Flächen sauber sind. Mit Wasser nachspülen bzw. nachwischen ist nötig, um alle Seifenreste zu entfernen.

SCHEUERPASTE MIT SALZ UND ESSIG

100 g Natron

100 g Salz

10 Tropfen ätherisches Zitrusöl

etwas weißer Essig

Natron, Salz und ätherisches Zitrusöl werden in einer passenden Schale gut durchmengt. Dann gibt man löffelweise den Essig dazu und rührt, bis eine glatte Paste entsteht. Vorsicht, es schäumt gewaltig, wenn der Essig auf das Natron-Salz-Gemisch trifft! Am besten, Sie warten mit dem Rühren, bis sich die Schaumbildung etwas beruhigt hat.

 Diese Scheuerpaste ist besonders für Badewannen und Waschbecken geeignet, von denen seifige Schmutzränder entfernt werden sollen.

Badezimmer

Toilettenreiniger
– für keimfreie Sauberkeit

Eine gründliche Reinigung, die auch Krankheitskeime vernichtet, ist in der Toilette besonders wichtig. Das betrifft nicht nur die Toilettenschüssel an sich. Diese ist eigentlich ein verhältnismäßig sauberer Ort. Die meisten Bakterien und Keime findet man an der Unterseite der Sitzbrille und in dem Bereich, wo sich die Scharniere der Brille und des Deckels befinden. Weil man Deckel und Brille häufig anfasst, sollte dieser Bereich nicht nur gereinigt, sondern auch öfters desinfiziert werden. Ideal sind natürlich Reinigungsmittel, die diese beiden Aufgaben in einem Darüberwischen erledigen. Die Werbung für industriell hergestellte WC-Reiniger überschlägt sich in diesbezüglichen Versprechungen geradezu. Aber wir müssen uns davon nicht beeindrucken lassen, denn unsere selbst gemachten WC-Reiniger können das auch. Und das sogar, ohne ein chemisch kontaminiertes „stilles Örtchen" zu hinterlassen.

REINIGUNGSSPRAY FÜR DIE TOILETTE

100 ml Wasser
100 ml weißer Essig
30 ml Kokostensid
15 Tropfen ätherisches Teebaumöl

Das Kokostensid wird in einer Schüssel mit gut 100 ml kochendem Wasser übergossen und durch Rühren vollständig darin aufgelöst. Etwas abkühlen lassen, dann den Essig und das ätherische Teebaumöl unterrühren. In eine Sprühflasche gefüllt steht dieses praktische Reinigungsspray für die regelmäßige Reinigung der gesamten Toilette zur Verfügung.

ANTIBAKTERIELLES TOILETTENSPRAY

50 ml Flüssigseife (flüssige Kernseife oder kastilische Flüssigseife)
200 ml heißes Wasser
15 Tropfen ätherisches Teebaumöl
10 Tropfen ätherisches Eukalyptus- oder Rosmarinöl

Die Flüssigseife wird in einer geeigneten Schüssel mit dem heißen Wasser übergossen und durch Rühren vollständig aufgelöst. Dann rührt man die ätherischen Öle ein und füllt das Ganze in eine Sprühflasche.

 Dieses Spray eignet sich wegen seiner konzentrierten antibakteriellen Wirkung besonders für die Reinigung des Toilettensitzes und seiner Unterseite. Auch in der Toilettenschüssel eliminiert er alles, was sich dort an Mikroorganismen aufhalten könnte.

TOILETTENSCHÜSSELREINIGER

100 g Natron

100 ml weißer Essig

10 Tropfen ätherisches Zedern- oder Kiefernöl

10 Tropfen ätherisches Zitrusöl

Das Natronpulver wird in einem passenden Glas langsam und vorsichtig mit dem Essig übergossen. Es schäumt heftig – wie immer, wenn Essig auf Natron trifft. Wenn sich die Sache etwas beruhigt hat, gut durchrühren, bis das Natronpulver vollständig im Essig gelöst ist. Schließlich rührt man die ätherischen Öle unter und füllt den Reiniger in eine luftdicht verschließbare Flasche.

 Dieser Reiniger entfernt hartnäckige Ringe und Verfärbungen in der Toilettenschüssel. Man gießt ihn auf die Innenflächen der Toilettenschüssel und lässt ihn dort über Nacht einwirken. Am Morgen reicht es meist, die Spülung zu betätigen, und die Verfärbungen oder Ringe sind weg.

KRAFTVOLLER URINSTEINLÖSER

100 g Salz

50 g Waschsoda

50 g Zitronensäurepulver

50 g Weinsteinsäurepulver

Alle pulvrigen Zutaten werden gut miteinander vermengt und in eine Vorratsdose gefüllt. Bei Bedarf streut man dieses Pulver in die Toilettenschüssel und schrubbt mit der Bürste alle Ablagerungen weg. Dieses Pulver wirkt auf schonende Weise bleichend, sodass sich auch Verfärbungen problemlos entfernen lassen.

DUFTSPRAY FÜR DIE TOILETTE

Auf der Toilette gibt es häufig Gerüche, die nicht gerade heimelig wirken. Das liegt in der Natur der Sache. Im Gegensatz zu so manchem Raumspray aus dem Supermarktregal, der den Geruch nur durch synthetische Aromastoffe überdeckt, ist das folgende Duftspray auch in der Lage, die unangenehmen Gerüche zu binden und so tatsächlich aus der Raumluft zu entfernen.

> 200 ml Lavendelwasser
> 10 Tropfen ätherisches Lavendelöl
> 10 Tropfen ätherisches Rosmarinöl

Lavendelwasser erhält man, indem man in eine breite Schüssel frische Lavendelzweige schlichtet und diese mit Wasser – idealerweise mit destilliertem Wasser, muss aber nicht sein – übergießt. Diesen Ansatz deckt man mit einem Deckel aus Glas oder einer eben aufliegenden Glasscheibe ab und stellt ihn einen ganzen Sonnentag lang in die pralle Sonne. So oft man die Schüssel hinter der Sonne herschiebt oder auf einen neuen, sonnigen Platz bringt, sollte man den Wasserstand überprüfen und gegebenenfalls nachfüllen. Am Abend hat man dezent nach Lavendel duftendes Wasser. Es enthält nicht nur die ätherischen Öle der Pflanze, sondern auch eine ganze Reihe anderer Inhaltsstoffe, die sich als Geruchsbinder nützlich machen.

 Um den Duft satter zu machen, kommt noch ätherisches Lavendel- und Rosmarinöl in das Lavendelwasser, dann füllt man es in eine Sprühflasche. Bei Bedarf wird ein- bis zweimal in die Luft gesprüht, und die Toilette riecht nicht, sondern duftet.

> DIE FENSTER STELLEN
> DIE VERBINDUNG DES WOHNRAUMS
> MIT DER AUßENWELT HER.

Fenster

KAPITEL 8 — FENSTERREINIGER … 113

Fenster

Fensterscheiben streifenfrei sauber zu bekommen ist oft gar nicht so einfach. Und je nachdem, ob man auf dem Land oder in der Stadt, im Grünen oder an einer stark befahrenen Straße wohnt, verlangen die Fensterscheiben in kürzeren oder längeren Abständen nach Reinigung. Die im Handel erhältlichen Fensterreiniger werden mit oft recht abstrusen Versprechungen beworben. Sie können trotzdem nicht darüber hinwegtäuschen, dass geputzte Fenster nicht sehr lange in ihrem streifenfrei glänzenden Zustand verbleiben. Auch enthalten diese Mittel oft bedenkliche Inhaltsstoffe, etwa flüchtige organische Verbindungen wie Glykoläther. Und es kommt nicht nur auf das Reinigungsmittel an, sondern auch auf die Reinigungsmethode.

Für die Reinigung der Fensterscheiben sind weiche Ledertücher seit jeher bewährt. Ein Ledertuch wird lediglich befeuchtet, und damit wischt man die Fensterfläche ab. Immer von oben nach unten, niemals kreuz und quer. Das Ledertuch soll während des ganzen Vorgangs immer sauber und nicht nass sein. Man muss es also häufig in klarem Wasser ausspülen und gut auswringen. Für die abschließende Entfernung einzelner Wassertropfen und -ränder ist ein weiches Fenstertuch aus Baumwolle besser geeignet als das Ledertuch.

Sehr praktisch und zeitsparend sind Fensterwischer mit einer schmalen Gummilippe, wie man sie auch für die Reinigung der Windschutzscheibe des Autos verwendet. Die Fensterscheibe wird mit Reinigungsmittel besprüht, stark verschmutzte Scheiben kann man auch mit einem mit Putzmittel befeuchteten Schwamm abwischen. Dann zieht man mit dem Wischer immer von oben nach unten, in der linken oberen Fensterecke beginnend, das Wasser ab.

Wie für viele Haushaltsarbeiten gibt es auch für das Fensterputzen althergebrachte Regeln. Eine davon ist, dass man niemals Fenster putzen soll, wenn die Sonne auf die Scheiben scheint. Weil solche Regeln selten hinterfragt werden, fragt sich wohl nur selten jemand, ob das für alle Methoden der Fensterreinigung gilt oder nur für jene mit Tüchern, Schwamm und Zeitungspapier.

Fensterreiniger

POLIEREN lassen sich Fensterscheiben am besten mit einem in Essig getauchten Tuch. Mit einem zweiten Tuch reibt man die feuchten Scheiben trocken, mit einem dritten poliert man nach.

BRENNSPIRITUS in warmem Wasser für das Fensterputzen (etwa zwei Esslöffel voll pro Eimer) bewirkt ein schnelleres Trocknen mit weniger Neigung zur Schlierenbildung. Mit Brennspiritus kann man außerdem Fliegenflecken leicht von den Scheiben abwischen.

ZEITUNGSPAPIER ist nicht nur kostengünstig, sondern auch sehr nützlich beim abschließenden Trockenpolieren der Fensterscheiben. Das Zeitungspapier soll natürlich bedruckt sein, denn die Druckerschwärze macht das Glas glänzend.

REINIGER
FÜR STARK VERSCHMUTZTE FENSTER

100 g Seifenflocken oder geraspelte Kernseife
250 ml heißes Wasser
50 g Waschsoda

Die Seifenflocken werden in einem passenden Glas mit dem heißen Wasser übergossen und durch Rühren vollständig aufgelöst. Dann Waschsoda unterrühren und den Reiniger in eine Flasche abfüllen. Man benässt mit dem Reiniger einen Schwamm und mit dessen Hilfe die Fensterscheibe. Kurz einwirken lassen, dann mit dem Wischer abziehen.

❄ Dieser Reiniger eignet sich auch für stark verschmutzte Fensterscheiben und für deren Außenflächen. Außerdem entfernt er Fliegendreck und andere organische Verschmutzungen ohne Probleme.

EINFACHER ESSIGREINIGER

200 ml Wasser + 100 ml weißer Essig

Das ist wohl der Klassiker unter den selbst gemachten Fensterputzmitteln: Einfach Essig und Wasser gut miteinander vermischen und in eine Sprühflasche füllen. Die Glasfläche damit besprühen, mit dem Wischer die Nässe abziehen, fertig.

FENSTERSPRAY FÜR ALLE FÄLLE

100 ml Spiritus, 150 ml destilliertes Wasser
15 ml Flüssigseife, 20 Tropfen ätherisches Zitrusöl

Das Wasser etwas erwärmen und die Flüssigseife darin durch Rühren vollständig auflösen. Dann den Spiritus und schließlich das ätherische Öl unterrühren und das Ganze in eine Sprühflasche füllen. So kann man den Reiniger als Spray auf die Fensterscheiben aufbringen und diese wie gewohnt putzen.

FENSTERGLANZ MIT BESCHLAGSCHUTZ

250 ml Wasser, 50 ml weiße Essigessenz
20 Tropfen ätherisches Zitrusöl

Die Essigessenz wird mit dem Wasser vermischt, anschließend rührt man das ätherische Zitrusöl unter und füllt das Ganze in eine Sprühflasche. Dieser Reiniger ist besonders für die Innenflächen von Badezimmer- und Küchenfenstern geeignet. Das ätherische Öl hinterlässt nämlich auf der Glasfläche einen hauchfeinen Film, der ein Beschlagen des Fensters durch den Dunst beim Duschen oder durch Küchendunst verhindert.

Wäsche

KAPITEL 9

FLECKENLÖSER ... 121

KLEINES FLECKENVERZEICHNIS ... 128

WASCHMITTEL ... 137

WASCHPULVER ... 142

BLEICHMITTEL ... 145

WEICHSPÜLER ... 146

WÄSCHEPARFUM ... 150

WOLLE UND SEIDE ... 151

TROCKNEN ... 153

BÜGELN ... 155

MOTTEN ... 156

SCHUHE ... 157

DIE WASCHMASCHINE ERLEDIGT HEUTZUTAGE, WAS FRÜHER EINE ANSTRENGENDE ARBEIT WAR. UND OFT GENUG WIRD DABEI EIN CHEMIECOCKTAIL VERWENDET, DER UNSERER HAUT GAR NICHT GUT BEKOMMT. DAS GEHT ABER AUCH ANDERS.

Wäsche waschen

OHNE CHLORBLEICHE, OHNE OPTISCHE AUFHELLER, OHNE NANOPARTIKEL

Offensichtlich sind wir von der Werbung der Waschmittelindustrie so verbildet und verblendet, dass wir es uns kaum noch vorstellen können: Wäsche waschen ohne industriell hergestelltem Waschpulver oder Flüssigwaschmittel, ohne Weichspüler, ohne Farbfixierer. Kann das überhaupt funktionieren? – Seien Sie versichert: Es funktioniert! Auch unsere selbst gemachten Waschmittel machen die Wäsche fleckenlos rein und lassen die Farben leuchten und machen die Wäsche kuschelig weich. Und beim frischen Duft der Wäsche wissen wir genau, wo dieser herkommt und dass er nicht unsere Haut reizt.

Die Werbung suggeriert uns geradezu magische Kräfte, die in den Waschmittel-Produkten stecken sollen. Wer die Produkte kauft und nutzt, kann sich diese magischen Kräfte aneignen, kann jedes Problem lösen, das sich auf der Wäsche zeigt. Wie vieles in der Werbung geht auch dieses Versprechen mit etwas Abstand an der Wahrheit vorbei. Denn die Reinigungskraft dieser Produkte hat rein gar nichts mit Magie zu tun, sondern ganz allein mit konzentriertem Einsatz von Bleichmitteln und optischen Aufhellern. Eine Vielzahl der angebotenen Superwaschmittel unterscheidet sich nur im Mengenverhältnis der Inhalts-, Füll- und Zusatzstoffe, im synthetisch erzeugten Duft und vielleicht noch in der Farbe des Pulvers oder der Flüssigkeit.

Selbst gemachte Waschmittel enthalten nur jene Zusatzstoffe, die wir selbst beifügen möchten. Dabei haben wir die Wahl unter einer Vielzahl natürlicher Stoffe, die weder Allergien auslösen noch das Abwasser zur Chemiekloake machen. Die Rückstände, die nach jedem Waschgang in den Kleidungsstücken zurückbleiben, reizen weder unsere Haut, noch dringen sie durch die Haut in unseren Körper ein und beeinflussen dort im schlimmsten Fall Immunsystem und Hormonhaushalt.

Bevor wir uns mit der Herstellung unserer Waschmittel befassen, sollen hier einige Tipps und Tricks verraten werden, die den eigentlichen Waschvorgang einfacher machen und häufig auch helfen, Waschmittel zu sparen.

WÄSCHE MUSS VOR DEM WASCHEN SORTIERT WERDEN. Es macht keinen Sinn, einen Kissenbezug gemeinsam mit einer Arbeitshose in die Waschmaschine zu stopfen, nur damit diese voll wird. Zunächst sortiert man die Wäsche nach Farben. Dass man Weißwäsche niemals gemeinsam mit Buntwäsche waschen soll, ist wohl klar. Aber man sollte auch Wäsche mit sehr intensiven, leuchtenden Farben nicht gemeinsam mit solcher in Pastelltönen oder gar Schwarz waschen. Und schließlich sollte man auch robuste Gewebe von feinen, empfindlichen Geweben trennen. Beachtet man diese Umstände, kann man den Waschvorgang genau an die Ansprüche der Wäsche anpassen und damit Zeit, Energie, Kosten und oft auch den Ärger über ein beim Waschen untragbar gewordenes Kleidungsstück vermeiden.

HANDTÜCHER UND BETTWÄSCHE brauchen einerseits eine höhere Temperatur beim Waschen, andererseits neigen sie dazu, Flusen und Fusseln zu bilden. Deshalb sollten sie getrennt von allen anderen Wäschestücken gewaschen werden. Die Flusen und Fusseln können sich besonders bei Stücken aus gröberem oder weitmaschigerem Gewebe festsetzen.

TASCHEN VON HOSEN, JACKEN, HEMDEN UND BLUSEN sollte man grundsätzlich überprüfen, ob sie tatsächlich leer sind, bevor man das gute Stück in die Waschmaschine gibt. Wer schon einmal erfahren durfte, was ein in einer Hosentasche vergessenes Papiertaschentuch anrichten kann, wird die Sinnhaftigkeit dieser einfachen Regel bestätigen.

DIE RICHTIGE WASSERTEMPERATUR beim Waschen findet man auf den Einnähern (fast) aller Textilien angeführt. Man sollte sie der Passform des Wäschestücks zuliebe nicht überschreiten, kann sie aber in vielen Fällen niedriger halten. Vertragen Textilien z. B. 40 °C, so werden sie bei 30 °C

Wäsche

genauso sauber. Übers Jahr gerechnet macht sich das im Stromverbrauch bemerkbar.

Sowohl das Waschen mit kaltem als auch mit warmem Wasser hat seine speziellen Vorteile. Wäscht man mit kaltem Wasser, so laufen die Wäschestücke nicht ein, und Textilien mit satten Farben färben nicht aus und geben ihre Farbe nicht an andere Stücke in der Waschmaschine weiter. Nur leicht verschmutzte Wäsche und empfindliche Textilien sollte man immer nur kalt waschen. Waschen mit warmem Wasser (bis 40 °C) bietet den Vorteil, dass die Wäsche kaum knittert. Maschinentaugliche Wollsachen, Textilien aus synthetischem Gewebe und schwarze Kleidungsstücke sollte man warm waschen.

Stark verschmutzte Kleidung ohne Anteile von synthetischen Fasern, Handtücher, Bettwäsche und weiße Sachen aus Leinen, aber keinesfalls solche aus reiner Wolle oder Baumwolle, vertragen die Wäsche in heißem Wasser (60 bis 90 °C). Das manchmal noch übliche Auskochen der Bettwäsche sollte nur Fällen vorbehalten sein, die nach einer konsequenten Abtötung von Krankheitserregern verlangen.

TENNISBÄLLE IN DER WÄSCHE hören sich zwar seltsam an, haben aber einen beachtenswerten Vorteil: Sie simulieren das „Schlagen" der Wäsche, wie es in früheren, waschmaschinenlosen Zeiten üblich war. Dadurch löst sich der Schmutz leichter aus dem Gewebe. Die Tennisbälle in der Wäsche klopfen durch ihre Bewegung in der Waschtrommel das Gewebe gleichmäßig und regelmäßig durch, was auch tief im Gewebe sitzenden Schmutz löst. Das spart Waschmittel. Dass die Tennisbälle vor ihrer Verwendung in der Waschmaschine weder auf einem Tennisplatz noch in einem Hundemaul gewesen sein sollen, versteht sich von selbst. Und klarerweise können Sie anstelle der Tennisbälle auch spezielle Waschbälle verwenden, die für genau diesen Zweck angeboten werden. Bei Wolle und sehr empfindlichen Wäschestücken sollte man aber auf die Verwendung von Waschbällen oder Tennisbällen verzichten, da Wolle durch zu starke mechanische Belastung verfilzen kann und andere Wäschestücke ebenfalls unter der starken Beanspruchung leiden.

WEIßER WEIN- ODER OBSTESSIG sollte immer in Griffweite neben der Waschmaschine stehen! Essig macht das Gewebe flauschig weich, ist also ein wirkungsvoller Weichspüler. Außerdem löst er Harnsäure auf, was allen jenen zugutekommt, die Babywäsche zu waschen haben. Essig ist zudem ein mildes, natürliches Bleichmittel, er löst Reste von Öl und Fett und entfernt Rückstände des Waschmittels aus dem Gewebe. Wer Wäsche zum Trocknen in den Wäschetrockner gibt, verhindert durch einen letzten Spülgang mit Essig, dass die Wäschestücke durch Aufladung mit statischer Elektrizität im Trockner aneinander haften.

HARTES WASSER ist in vielen Gegenden ein Problem, das die Wirksamkeit von Waschmitteln mindert und die Verkalkung der Waschmaschine fördert. Ist die Wasserhärte nicht zu hoch, reicht das in den meisten unserer selbst gemachten Waschmittel enthaltene Natronpulver aus, um die im Wasser vorhandenen mineralischen Stoffe weitgehend unschädlich zu machen. Bei sehr hartem Wasser sollte man zusätzlich Natron, Veilchenwurzelpulver oder Zeolithpulver als Wasserenthärter über die Wäsche streuen. Den Härtegrad Ihres Wassers, angegebenen in Deutschen Härtegraden, erfragen Sie am besten bei Ihrem Wasserwerk.

BETÖREND DUFTENDE WÄSCHE bekommen Sie durch die Zugabe von ätherischen Ölen zu Ihren selbst gemachten Waschmitteln. Mischen Sie einfach einige Tropfen Ihres Lieblingsöls in das Waschmittel, egal, ob dieses pulvrig oder flüssig ist. Man kann sie auch in den Weichspüler geben, falls man einen solchen verwendet. Die ätherischen Öle geben der Wäsche nicht nur einen frischen, angenehmen Duft, und das auch noch in Ihrer persönlich bevorzugten Duftnote, sie erhöhen zudem die Waschkraft des Waschmittels durch ihre Fettlösekraft.

❈ Wenn Sie manchmal unter Pilzinfektionen leiden, so können Sie ätherisches Öl im Waschmittel sogar einsetzen, um diese zu verhindern. Geben Sie einfach je Waschgang etwa zehn Tropfen ätherisches Teebaumöl zum Waschmittel. Und hat jemand mit einer hartnäckigen Erkältung zu kämpfen, kann man das Gleiche mit ätherischem Eukalyptusöl tun und so einen Beitrag zur Gesundung leisten.

Verwendet man Natronpulver als Wasserenthärter und natürliches, mildes Bleichmittel, so kann man bereits dieses mit dem gewünschten ätherischen Öl vermengen. Auf ein halbes Kilogramm Natronpulver gibt man etwa 20 Tropfen des gewählten ätherischen Öls und vermischt die beiden Zutaten gut miteinander. Auch wer Essig als Weichspüler nutzt, kann diesem das ätherische Öl untermengen. In diesem Fall gibt man auf eine Tasse Essig – die nötige Menge für einen Waschgang – drei bis fünf Tropfen des ätherischen Öls.

Wer ätherische Öle nicht nur wegen deren Reinigungskraft und Duft nutzen will, sondern auch zur Förderung des Wohlbefindens, hat die Wahl aus einer Reihe von Ölen. Sie entfalten ihre Wirkung durch die Moleküle, die auch nach dem Trocknen eines Wäschestücks zwischen den Fasern des Gewebes hängen bleiben und sich erst im Zuge des Tragens durch die Bewegung der Fasern aus dem Stoff lösen.

❈ EUKALYPTUSÖL + PFEFFERMINZÖL wirken sehr gut gegen Erkältung und Probleme mit den Nebenhöhlen.

❈ KAMILLENÖL + LAVENDELÖL wirken beruhigend und entspannend.

❈ ROSMARINÖL + ZITRONENÖL wirken anregend und konzentrationsfördernd.

❈ TEEBAUMÖL wirkt antibakteriell und tötet Pilze, Keime und Sporen ab. Darüber hinaus ist beinahe jedes ätherische Öl geeignet, die Wäsche mit einem besonderen, charakteristischen, Ihrem persönlich bevorzugten Duft zu versehen.

Fleckenlöser

Flecken sind am leichtesten zu entfernen, wenn man sie, möglichst bald nachdem sie sich auf einem Kleidungsstück oder sonstiger Textilware breitgemacht haben, mit dem jeweils passenden Fleckenlöser behandelt. In vielen Fällen ist das Wasser – aber nur kaltes Wasser! Warmes Wasser kann besonders bei Obstflecken und Flecken zuckerhaltiger Flüssigkeiten dazu führen, dass sich diese erst recht im Gewebe ausbreiten und festsetzen können. Bemüht man sich um die Flecken erst vor dem Waschen des Kleidungsstücks, ist natürlich auch noch nichts verloren. Wichtig ist auf jeden Fall, dem Fleck gezielt an die Substanz zu gehen und ihn nicht einfach mit einem Waschmittel zu tränken. Wäsche mit angetrockneten und hartnäckigen Flecken sollte man vor dem Waschen auf jeden Fall für mindestens eine halbe Stunde einweichen. Das gilt auch für andere stark verschmutzte Wäsche.

Für beide Fälle – Flecken und starke Verschmutzung – kann man einen EINFACHEN VORBEHANDLUNGSSPRAY für die Wäsche selbst herstellen:

- 100 ml Spiritus
- 100 ml weißer Essig

werden gemischt und in eine Sprühflasche gefüllt. Die Kleidungsstücke werden ausgebreitet, Flecken und andere starke Verschmutzungen mit der Mischung besprüht. Etwa eine Viertelstunde einwirken lassen, dann

wie gewohnt einweichen. Bei empfindlichen Textilien sollte man das Spray vor der Anwendung auf dem Fleck an einer versteckten Stelle des Kleidungsstücks testen. In der Fachsprache wird das als „Saumprobe" bezeichnet, da man bei eventuellen, vor allem farblichen Beeinträchtigungen die Veränderungen am Kleidungsstück nicht sieht.

Besonders hartnäckig sind Reste von Deosticks oder Deosprays. Vor allem bei Blusen und T-Shirts bilden diese unter den Achseln unschöne Ränder, die sich durch einen normalen Waschgang in der Waschmaschine nicht oder nicht restlos entfernen lassen. In solch einem Fall empfiehlt sich eine spezielle Vorbehandlung mit Waschsoda.

Man löst drei Esslöffel Waschsoda in einem halben Liter heißem Wasser auf, legt das Kleidungsstück in einen passenden Plastikbottich und gießt die Sodalösung so darüber, dass die fleckigen Stellen gut bedeckt sind. Dann streut man noch zwei Esslöffel Waschsoda direkt auf die Flecken. Etwas einwirken lassen, dann die fleckigen Stellen gegeneinander rubbeln. Es beginnt leicht zu schmieren und zu schäumen, und das ist das Zeichen dafür, dass sich die Achselflecken lösen. Anschließend kurz ausspülen und das Stück wie gewohnt in der Waschmaschine waschen.

In den folgenden Vorbehandlungsmitteln für fleckige Wäsche ist meist Essig enthalten. Manche Farben, besonders bei rein synthetischen Textilien, können jedoch durch Essig ausbleichen. Im Zweifel sollte man das jeweilige Vorbehandlungsmittel an einer versteckten Stelle des Kleidungsstücks testen. Zeiigen sich keine unerwünschten Verfärbungen, so kann man es bedenkenlos verwenden.

EINWEICHMITTEL FÜR FLECKIGE WÄSCHE

150 ml weißer Essig

30 g Salz

5 Tropfen ätherisches Teebaumöl

Das Salz wird im Essig verrührt, bis es vollständig aufgelöst ist. Dann rührt man das ätherische Teebaumöl unter. Die fleckigen Kleidungsstücke gibt man in einen Plastikbottich oder in die Badewanne, gießt so viel warmes (nicht heißes!) Wasser darüber, dass sie damit gut bedeckt sind, und gießt dann das Einweichmittel darüber. Die Kleidungsstücke sollten in dieser Lösung mindestens eine Stunde lang eingeweicht werden.

Danach kann man sie wie gewohnt in der Maschine waschen und sich darauf verlassen, dass auch hartnäckige Flecken verschwinden.

EINFACHER SCHWEIßFLECKENLÖSER

100 ml weißer Essig

15 g Natron

5 Tropfen ätherisches Eukalyptus- oder Zitrusöl

Das Natronpulver wird im Essig gut verrührt. Dann fügt man das ätherische Öl bei, rührt noch einmal gut durch und gießt die Lösung über die Schweißflecken. Mit einem weichen Tuch oder auch mit den Fingern reibt man sie gut in das Gewebe ein und lässt sie etwas einwirken. Dann kann man das Kleidungsstück wie üblich in der Maschine waschen.

EINWEICHMITTEL GEGEN SCHWEIßFLECKEN

50 ml Zitronensaft
150 ml weißer Essig
5 Tropfen ätherisches Teebaumöl

Der Saft einer Zitrone wird durch einen Kaffeefilter gegossen, um auch feinste Fruchtfleischreste zu entfernen. Sie könnten sich nämlich im Zuge des Waschvorgangs im Gewebe des Kleidungsstücks festsetzen. Dann vermischt man den Zitronensaft mit dem Essig und dem Teebaumöl.

Das schweißfleckige Kleidungsstück weicht man in einem Plastikbottich oder der Badewanne in warmem Wasser ein und gießt dann das Einweichmittel darüber. Die Einweichzeit sollte nicht unter einer Stunde liegen, mit zwei Stunden ist man auf der sicheren Seite. Danach können Sie das Kleidungsstück der Waschmaschine überlassen.

FLECKENKILLER-PASTE

20 g Weinsteinbackpulver
50 g Natron
5 Tropfen ätherisches Teebaumöl
etwas warmes Wasser

Weinsteinbackpulver, Natron und ätherisches Teebaumöl gut miteinander vermengen und unter löffelweiser Zugabe von warmem Wasser so lange rühren, bis eine glatte Paste entsteht. Diese Paste streicht man auf den Fleck, der von Speise oder Getränk verursacht wurde (sogar mit Flecken von Gulasch oder Kaffee wird diese Paste fertig!), und lässt sie vollständig antrocknen. Dann kann man das Kleidungsstück in der Waschmaschine waschen. Anschließend ist von dem Fleck nichts mehr zu sehen.

FLECKENSPRAY FÜR ALLE FÄLLE

100 ml Flüssigseife

30 g Natron

50 ml Glycerin

150 ml Wasser

10 Tropfen ätherisches Teebaumöl

Alle Zutaten werden gut miteinander verrührt und in eine Sprühflasche abgefüllt. Dieser Fleckentferner leistet bei frischen Flecken von Speisen und Getränken gute Dienste. Man besprüht den Fleck ausgiebig damit, lässt das Mittel kurz einwirken und sollte dann den Fleck mit handwarmem Wasser problemlos und rückstandsfrei auswaschen können.

FLECKENSPRAY
SCHRITT FÜR SCHRITT

1. Natron in die Flüssigseife einrühren.

2. Glycerin unterrühren.

3. Mit Wasser aufgießen und verrühren.

4. Teebaumöl unterrühren.

5. In eine Sprühflasche abfüllen.

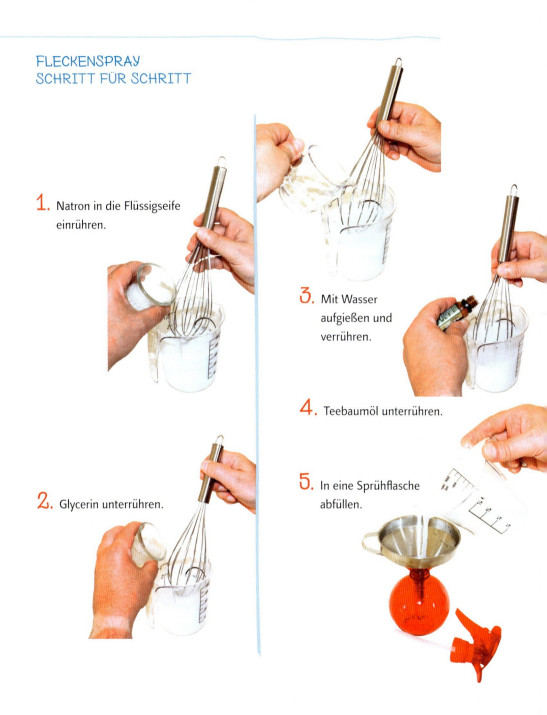

Wäsche

Kleines Fleckenverzeichnis

Viele von den Flecken, die unsere Kleidung heimsuchen, sind ausgesprochene Individualisten. Man kann ihnen mit im Allgemeinen nützlichen Mitteln nicht wirklich gut beikommen. Dazu gehören wahrhaft bösartige Flecken wie jene von Beeren, Rotwein, Blut oder Tinte. Deshalb werden im Folgenden spezielle Flecken und die geeigneten Mittel und Methoden zu ihrer Entfernung aufgelistet. Vielleicht müssen Sie das eine oder andere Mittel zweimal hintereinander anwenden, bevor der Fleck gänzlich verschwunden ist. Dazwischen sollten Sie das Kleidungsstück aber keinesfalls in den Wäschetrockner geben, sondern nur an der Luft trocknen lassen. Der Wäschetrockner funktioniert in einem solchen Fall nämlich als regelrechter Fleckenfixierer.

BABYBREI enthält meist Sojaeiweiß und dieses verursacht hartnäckige Flecken. Auch wenn man diese sofort auswäscht, sind nach der nächsten Maschinenwäsche noch hässliche Ränder zu sehen. Das Mittel dagegen ist eine Mischung von Essig und fein zerdrücktem Knoblauch oder Knoblauchsaft. Man reibt damit den Fleck ausgiebig ein und löst damit das Sojaeiweiß aus dem Gewebe.

BEERENFLECKEN haben zwar meist eine schöne rote oder blaue Farbe, sind aber als Designelement trotzdem nicht erwünscht. Solange sie frisch, d.h. nicht angetrocknet sind, kann man sie mit einer Zitronenscheibe abreiben und auf diese Weise meist problemlos entfernen. Sind die Beerenflecken erst einmal angetrocknet, wird die Sache komplizierter. Bewährt hat sich aber folgende Methode der Fleckentfernung: Man reibt den Fleck mit Glycerin ein und lässt es gut eine halbe Stunde einwirken, bevor man es auswäscht und das Kleidungsstück an der Luft trocknen lässt. Ist dann der Fleck noch immer zu sehen, verrührt man

2 Esslöffel Maisstärke

1 Esslöffel Glycerin

5 Tropfen ätherisches Eukalyptusöl.

Unter ständigem Rühren gibt man löffelweise gerade so viel Wasser dazu, dass eine glatte Paste entsteht. Diese trägt man dick auf den Fleck auf und legt das Kleidungsstück zum Trocknen an die Sonne. Die getrocknete Paste bürstet man aus. Bei einem sehr hartnäckigen Fleck kann es nötig sein, diesen Vorgang mehrmals zu wiederholen. Aber am Ende sind Sie siegreich und nicht der Fleck!

DER BLEISTIFT ist eines der nützlichsten Geräte, das die Menschheit erfunden hat. Hinterlässt er jedoch Spuren an Ärmeln oder Manschetten von Hemden oder Blusen, verschwinden diese bei normaler Maschinenwäsche meist nicht. Es gibt jedoch einen ganz einfachen Trick: Nehmen Sie vor dem Waschen einen Radiergummi und radieren Sie die Bleistiftspuren einfach aus!

Wäsche

BLUTFLECKEN kommen nicht nur in Krimis vor, sondern häufig auch im Alltag und oft auf den Ärmeln von Hemden und Blusen. Sie setzen sich hartnäckig im Gewebe fest, sind aber mit einem gewissen Maß an Geduld doch zu entfernen. Am besten ist, das blutbefleckte Kleidungsstück sofort in einer Lösung aus unbedingt kaltem Wasser und Waschmittel einzuweichen und es mehrere Stunden darin zu lassen. Bei über 40 °C gerinnen die Blutbestandteile und werden dabei im Gewebe fixiert. Anschließend kann man den Blutfleck mit einem weichen Tuch ausreiben. Lässt er sich auf diese Weise nicht restlos entfernen, kann man ihm mit Wasserstoffperoxid zu Leibe rücken. Man reibt mit einem mit Wasserstoffperoxid reichlich befeuchteten Tuch so lange, bis der Fleck weg ist – oder man entschließt sich, das Kleidungsstück zu Putzlappen zu zerschneiden. Diese „Fleckenschere" ist der letzte Ausweg.

BUTTER ODER MARGARINE hinterlässt fettige Flecken, die sich in der normalen Maschinenwäsche kaum entfernen lassen. Eine Paste aus einem Esslöffel Natron, drei Tropfen ätherischem Zitrusöl und etwas Wasser auf den Fleck aufgetragen und über etwa eine Stunde angetrocknet, löst dieses Problem und den Fleck rückstandsfrei auf.

FETT- UND ÖLFLECKEN haben den Nachteil, dass sich das Fett schnell in den Fasern des Gewebes verteilt und nur ein Teil davon an der Oberfläche des Gewebes verbleibt. Je schneller man sich daranmacht, den Fettfleck zu entfernen, umso einfacher geht es. Man mischt je einen Esslöffel Natron, Salz und Maismehl, streut diese Mischung auf den Fleck und lässt sie mindestens eine halbe Stunde einwirken. Dann wischt man sie weg und weicht den

Teil des Kleidungsstücks mit dem Fleck in verdünntem Essig mit einigen Tropfen ätherischem Zitrusöl ein. Nach etwa einer Stunde sollte der Fettfleck vollständig gelöst sein und man kann das Kleidungsstück wie gewohnt in der Maschine waschen.

GRASFLECKEN sind oft Teil einer schönen Erinnerung, müssen aber trotzdem aus dem Kleidungsstück raus. Man weicht den Bereich mit dem Grasfleck in Essig ein, lässt diesen etwa eine halbe Stunde einwirken und streicht dann eine Paste aus Natronpulver und Wasser auf den Fleck. Antrocknen lassen und dann ab in die Waschmaschine.

KAFFEE UND TEE verursachen dunkle Flecken, denen man möglichst schnell das Festsetzen im Gewebe verwehren sollte. Am schnellsten geht das, wenn man über den frischen Fleck etwa Milch gießt, etwas reibt, damit die Milch auch die tiefer ins Gewebe eingedrungene Flüssigkeit lösen kann und dann mit einem weichen Tuch abtupft. Diesen Vorgang wird man unter Umständen mehrmals wiederholen müssen. Für den letzten nimmt man statt Milch warmes Wasser, um die Reste der Milch und des Milchfetts aus dem Gewebe zu entfernen. Die Gerbstoffe im Tee und Kaffee werden auch als natürliche Färbemittel eingesetzt, was deren Entfernung nach einiger Zeit deutlich erschwert.

❄ **Einen angetrockneten Kaffee- oder Teefleck entfernt man am besten, indem man den befleckten Teil des Kleidungsstücks vor dem Waschen mehrere Stunden lang in einer Lösung aus Wasser und Natronpulver einweicht.**

KAUGUMMI verursacht Flecken meist dann, wenn man sich darauf setzt. Das tut natürlich selten jemand mit Absicht. Die Kaugummireste bekommt man am besten aus Hose oder Rock, indem man das Kleidungsstück in einen Plastikbeutel packt und für mindestens eine halbe Stunde in das Gefrierfach oder die Tiefkühltruhe legt. Anschließend lässt sich der Kaugummirest samt Fleck einfach abziehen. Im Fall, dass doch noch Spuren sichtbar sein sollten, kann man diese vor der Maschinenwäsche in Essig einweichen.

KERZENWACHS lässt sich auf ähnliche Weise aus textilem Gewebe entfernen wie Kaugummi. Weil es meist auf die Ärmel von Hemden oder Blusen tropft, muss man das Teil nicht unbedingt tiefkühlen. Es reicht oft, einen Eiswürfel auf den Wachsfleck zu legen und ihn damit aushärten zu lassen. Dann kratzt man vorsichtig das harte Wachs ab. Sollten noch Reste im Gewebe verbleiben, so legt man diesen Teil des Kleidungsstücks zwischen zwei Papiertaschentücher und bügelt vorsichtig mit einem warmen Bügeleisen (Temperatureinstellung für Seide) darüber, bis die Papiertücher das flüssige Wachs vollständig aufgesogen haben.

LIPPENSTIFTFLECKEN kann man unabhängig von ihrer Farbe mit weißer Zahnpasta abreiben und die Stelle dann vorsichtig mit einem befeuchteten weichen Tuch abtupfen. Sollten noch Spuren sichtbar sein, kann man entweder den Vorgang wiederholen oder die Stelle mehrmals mit ätherischem Eukalyptusöl abtupfen. Nach der anschließenden Maschinenwäsche sollte von dem Fleck nichts mehr zu sehen sein.

SCHIMMELFLECKEN sind ein Problem, das öfters im Sommer nach einem langen Badetag auftreten kann. Man stopft die Badetücher in eine Tasche und vergisst sie dort. Das ist die beste Voraussetzung für die Entstehung von Schimmel. Die Flecken wird man aber verhältnismäßig einfach wieder los:

- 1 Tasse Essig
- 1 Esslöffel Salz
- 5 Tropfen ätherisches Teebaumöl

verrühren und die Schimmelflecken damit tränken. Danach kann man die Badetücher der Waschmaschine überantworten.

NAGELLACK hinterlässt manchmal Flecken, auch wenn man noch so aufpasst. Am sinnvollsten ist es, ihnen sofort mit Nagellackentferner zu Leibe zu rücken. Allerdings enthalten Nagellackentferner zumeist Azeton als Lösungsmittel, und dieses Lösungsmittel kann auch synthetische Fasern angreifen oder auflösen. Man sollte deshalb an einer versteckten Stelle des Kleidungsstücks testen, ob es diese Behandlung verträgt. Wenn nicht, bleibt noch der Versuch mit Reinigungsalkohol oder Putzbenzin.

ROSTFLECKEN gehören zu den hartnäckigsten Flecken. Wenn der Stoff des Kleidungsstücks heißes und am besten kochendes Wasser verträgt, kann man sie aber mit etwas Mühe los werden. Man rührt zunächst aus Zitronensaft und Salz eine flüssige Paste an und streicht diese auf den Rostfleck. Etwa eine Viertelstunde einwirken lassen, dann mit sehr heißem bis kochendem Wasser gut ausspülen.

❁ Für Textilien, die heißes Wasser nicht vertragen, ist ein altes Hausmittel geeignet. Es ist allerdings an die Jahreszeit, die frischen Spargel bereithält, gebunden. Aus zwei frischen Stangen Spargel stellt man in etwa einem halben Liter Wasser eine Abkochung her. Nach dem Abkühlen kann man das rostfleckige Kleidungsstück darin für mehrere Stunden einweichen. Anschließend wird es wie gewohnt in der Maschine gewaschen.

SALATSAUCE kann je nach ihrer Zusammensetzung recht widerstandsfähige Flecken verursachen. Ein Universalmittel dagegen ist eine Lösung aus

100 ml Essig
50 ml Zitronensaft
10 Tropfen ätherischem Zitrusöl.

Man weicht den befleckten Teil des Kleidungsstücks für etwa eine Stunde in dieser Lösung ein und wäscht das Stück dann normal in der Maschine.

SCHOKOLADENFLECKEN verlangen nach einer Paste aus Natronpulver und Wasser. Man trägt diese auf den Fleck auf, lässt sie durchtrocknen und kann das Kleidungsstück anschließend in der Maschine waschen. Der Schokoladenfleck sollte danach restlos verschwunden sein.

SCHUHCREME hinterlässt Flecken, die man keinesfalls mit Wasser behandeln sollte. Dadurch breiten sie sich erst recht aus. Am besten gibt man Glycerin auf ein weiches Tuch und reibt den Fleck damit vorsichtig aus. Anschließend kann man das Kleidungsstück in der Maschine waschen.

SENFFLECKEN haben meist eine leuchtend gelbe Farbe, an der man aber kaum Freude hat. Man kann sie aus den Textilfasern lösen, indem man sie mit Glycerin beträufelt und dieses etwa eine Stunde einwirken lässt. Danach reibt man vorsichtig Natronpulver in den Fleck ein und gibt das Kleidungsstück in die Waschmaschine.

TINTENFLECKEN zeugen von Stil, haben auf der Kleidung aber trotzdem nichts verloren. Ein gutes Lösungsmittel für Tinte – auch für wasserfeste – ist ätherisches Eukalyptusöl. Man legt ein Tuch unter die Stelle des Kleidungsstücks mit dem Fleck und träufelt auf diesen das Eukalyptusöl. Die Tinte sickert dann durch das Gewebe in das darunter liegende Tuch. Natürlich sollte man darauf achten, dass nicht ein Teil des Kleidungsstücks unter dem Tuch zu liegen kommt und etwas von der gelösten Tinte abbekommt.

  Sind nach dieser Behandlung noch Reste des Flecks zu sehen, kann man das Kleidungsstück vor dem Waschen in einer Mischung aus gleichen Teilen Essig und Milch einweichen.

URINFLECKEN verschwinden, wenn man das Kleidungsstück bzw. dessen befleckten Teil vor dem Waschen in einer Mischung aus Essig, warmem Wasser (zu gleichen Teilen) und zehn Tropfen ätherischem Lavendelöl einweicht.

WEINFLECKEN sollte man sofort mit Wasser ausspülen. Sollten noch Ränder sichtbar sein, kann man die Stelle mit einer Zitronenscheibe abreiben. Dann das Kleidungsstück in die Waschmaschine geben und wie gewohnt waschen.

Waschmittel

Industriell hergestellte Waschmittel gibt es seit nicht einmal 100 Jahren. Die ganze lange Zeit davor war es üblich, die benötigten Waschmittel selbst herzustellen. Natürlich war das Wäschewaschen in früheren Zeiten eine weitaus anstrengendere Tätigkeit als heute, wo wir die Wäsche einfach in die Waschmaschine stopfen und das passende Waschprogramm einstellen können. Allerdings ist mit der Vereinfachung des Waschens der Anspruch an die Sauberkeit der Kleidung deutlich gestiegen. Diesem Anspruch können unsere selbst gemachten Waschmittel mit gesundheitlich unbedenklichen Zutaten aber genauso genügen wie die industriell hergestellten Produkte mit ihren oft nicht unbedenklichen Inhalts- und Zusatzstoffen.

Die Basis der Waschmittel unserer Vorfahren bildeten entweder Seifen oder, noch früher, Asche. Man verwendete dazu die Herdasche, die mit Wasser verrührt, gefiltert und dann als eine Art Flüssigwaschmittel verwendet wurde. Die in der Asche enthaltene Pottasche ist ein kraftvoller Fettlöser. Viel mehr ist zur Rezeptur dieses Waschmittels nicht zu sagen. Und weil es heute oft schwierig sein dürfte, Asche in ausreichender Menge zu kommen, wollen wir uns lieber mit den Waschmitteln auf Seifenbasis befassen.

Für die Herstellung von Waschmitteln sind naturbelassene Seife ohne Parfümstoffe und sonstige Zusatzstoffe in flüssiger oder fester Form oder als Seifenflocken geeignet. Ob Kernseife oder kastilische Seife aus Kokos- oder Olivenöl, man kann daraus wirkungsvolle Waschpulver und Flüssigwaschmittel erzeugen. Seife ist für das Wäschewaschen besonders geeignet, weil sie nicht, wie die Tenside in kommerziellen Waschmitteln, die Fasern völlig entfettet. Sie entfettet zwar, hat aber eine leichte rückfettende Wirkung. Das macht die Textilien weich und den Gebrauch von herkömmlichen Weichspülern weitgehend überflüssig.

Den Duft, den Sie bei Ihrer Wäsche am liebsten haben, können Sie in Form von ätherischen Ölen dem Waschmittel gleich beifügen. Die ätherischen Öle versehen die Wäsche nicht nur mit Duft, sie erhöhen auch die Waschkraft Ihres selbst gemachten Waschmittels. Für das Wäschewaschen besonders geeignet sind die ätherischen Öle von Fichte, Zeder, Tanne, Eukalyptus, Lavendel, Zitrone, Orange, Limette, Pfefferminze, Geranie, Rosmarin und Teebaum. Man kann sie einzeln verwenden, aber auch zu einer ganz persönlichen Duftkreation kombinieren.

FLÜSSIGWASCHMITTEL AUS KERNSEIFE

100 g geschabte Kernseife oder Seifenflocken
150 ml kochendes Wasser
20 g Natron
10 Tropfen ätherisches Öl Ihrer Wahl

Die zu Flocken geschabte Kernseife bzw. die Seifenflocken werden in einem großen Glas mit dem kochenden Wasser übergossen und so lange gerührt, bis sich die Seife vollständig aufgelöst hat. Dann rührt man das Natronpulver ein, ebenfalls bis zu seiner vollständigen Auflösung, und schließlich das ätherische Öl. Anschließend füllt man das Waschmittel in eine passende Vorratsflasche.

 Man gießt es, wie bei Flüssigwaschmitteln üblich, in das entsprechende Fach der Waschmaschine. Bei der Dosierung kann man durchaus etwas unterhalb der Maximalmarkierung bleiben, außer man hat stark verschmutzte Wäsche zu waschen. Aber auch in diesem Fall sollte man nicht überdosieren.

FLÜSSIGWASCHMITTEL
SCHRITT FÜR SCHRITT

1. Kernseife zu Flocken raspeln.

2. Mit kochendem Wasser übergießen und …

3. … durchrühren, bis die Seife vollständig aufgelöst ist.

4. Natron unterrühren.

5. Ätherisches Öl unterrühren.

6. In einen Messbecher füllen und aus diesem in das Spülmittelfach der Waschmaschine gießen.

FLÜSSIGWASCHMITTEL AUS FLÜSSIGSEIFE

150 ml flüssige Kernseife oder kastilische Flüssigseife

100 ml heißes Wasser

30 g Natron

20 g Waschsoda

10 Tropfen ätherisches Öl Ihrer Wahl

Die Flüssigseife in heißem Wasser verrühren, bis sie vollständig aufgelöst ist. Dann Natron und Waschsoda und schließlich das ätherische Öl einrühren und das fertige Waschmittel in eine Vorratsflasche füllen. Es wird genauso verwendet, wie Sie es von anderen Flüssigwaschmitteln gewohnt sind.

FLÜSSIGWASCHMITTEL MIT GLYCERIN

500 ml flüssige Kernseife oder kastilische Flüssigseife

20 ml Glycerin

20 Tropfen ätherisches Öl Ihrer Wahl

Glycerin und ätherisches Öl werden in der Flüssigseife verrührt und in eine passende, luftdicht verschließbare Flasche gefüllt. Für einen Waschgang benötigt man etwa 150 bis 200 ml dieses Flüssigwaschmitttels. Bevor man es in das entsprechende Fach der Waschmaschine füllt, sollte man die Flasche gut schütteln. Die ätherischen Öle neigen nämlich dazu, sich am Boden der Flasche abzusetzen.

SPEZIAL-WASCHMITTEL FÜR WEIßE BAUMWOLLWÄSCHE

150 ml weißer Essig
100 ml Wasser
30 g Natron
10 g Zitronensäure
10 Tropfen ätherisches Zitrusöl

Der Essig wird mit dem Wasser vermischt, Natron und Zitronensäure eingerührt und so lange weitergerührt, bis diese pulvrigen Zutaten vollständig aufgelöst sind. Dann rührt man das ätherische Zitrusöl unter und füllt das Waschmittel in eine passende Vorratsflasche ab.

FEINWASCHMITTEL FÜR STRICKWAREN UND DESSOUS

250 ml Flüssigseife (flüssige Kernseife oder kastilische Flüssigseife)
30 g getrockneter Rosmarin
250 ml kochendes Wasser

 Rosmarin gilt seit jeher als bewährtes Mittel für die Pflege von sehr empfindlichen Strickwaren und feinen Dessous. Ausgenommen sind nur Strickwaren aus reiner Wolle und Textilien aus Seide oder Satin. Sie vertragen dieses Waschmittel nicht.

Der getrocknete Rosmarin wird im Mörser fein zerrieben, damit seine ätherischen Öle in das Wasser gelangen können, und dann in einem geeigneten Glas mit dem kochenden Wasser übergossen. Zugedeckt etwa 20 Minuten ziehen lassen. Abseihen und mit der Flüssigseife verrühren, bis diese vollständig aufgelöst ist. Dann in eine gut verschließbare Flasche abfüllen.

 Für einen Waschgang benötigt man ungefähr 150 ml dieses Waschmittels. Gewaschen wird kalt oder maximal mit 30 °C und im Schonwaschgang der Maschine.

FLÜSSIGWASCHMITTEL FÜR BUNTES

200 ml flüssige Kernseife oder kastilische Flüssigseife
50 g Waschsoda, 100 g Bittersalz
300 ml Wasser, 15 Tropfen ätherisches Öl Ihrer Wahl

Waschsoda und Bittersalz werden im Wasser verrührt, und zwar so lange, bis sie sich vollständig aufgelöst haben. Dann rührt man die Flüssigseife und schließlich das ätherische Öl unter und füllt das Waschmittel in eine geeignete, gut verschließbare Flasche.

 Dieses Waschmittel ist für Textilien mit satten, leuchtenden Farben besonders gut geeignet. Für einen Waschgang braucht man etwa 150 bis 200 ml davon.

Waschpulver

WASCHPULVER AUF SEIFENBASIS

50 g Waschsoda
50 g Natronpulver
50 g Seifenflocken
10 Tropfen ätherisches Öl nach Wahl

Waschsoda und Natronpulver werden gut vermengt und mit dem ätherischen Öl beträufelt. Dann mischt man die Seifenflocken unter und das Ganze noch einmal gut durch. Dieses Waschpulver kann man auch gleich in größeren Mengen herstellen und in eine luftdicht verschließbare Plastikdose abfüllen (besonders geeignet: die 0,5-oder Ein-Liter-Eisbecher aus Plastik, sobald sie geleert sind!).

 Dieses Waschpulver kommt wie gewohnt und in der üblichen Dosierung in das entsprechende Fach der Waschmaschine. Man kann es aber auch direkt über die Wäsche streuen. Es ist für Waschtemperaturen von 40 bis 90 °C bestens geeignet.

DUFTENDES WASCHPULVER

200 g Seifenflocken
200 g Waschsoda
200 g Natron
20 Tropfen ätherisches Zitrusöl
20 Tropfen ätherisches Lavendelöl
20 Tropfen ätherisches Orangenöl

Soda und Natron werden gut miteinander vermengt, dann fügt man unter ständigem Rühren tropfenweise die ätherischen Öle bei. Schließlich vermischt man alles mit den Seifenflocken.

 Dieses duftende Waschpulver sollte in einer luftdicht verschließbaren Plastikdose aufbewahrt werden.

WASCHPULVER SCHRITT FÜR SCHRITT

1. Soda und Natron mit dem ätherischen Öl vermischen.

2. Kernseife zu Flocken raspeln.

3. Seifenflocken mit dem Gemenge aus Soda, Natron und ätherischem Öl vermengen.

4. In die Blechdose abfüllen.

Wäsche

SPEZIAL-WASCHPULVER FÜR HARTES WASSER

200 g Waschsoda, 100 g Natron
100 g Seifenflocken oder geraspelte Kernseife

Für den Weichspüler:
250 ml weißer Essig, 10 Tropfen ätherisches Öl Ihrer Wahl

Dieses Spezialwaschmittel enthält im Pulver Seife und im Weichspüler Essig – zwei Inhaltsstoffe, die strikt voneinander getrennt werden müssen. Für das Waschpulver gibt man Waschsoda, Natron und Seifenflocken in einen passenden Behälter und vermischt die Bestandteile gut miteinander. In einer Flasche vermischt man den Essig durch ausgiebiges Schütteln mit dem ätherischen Öl.

 Das Waschpulver kommt in das entsprechende Fach der Waschmaschine oder wird direkt über die Wäsche in der Waschtrommel gestreut. Man benötigt pro Waschgang etwa eine halbe Tasse dieses Pulvers. Von der Essigmischung gießt man etwa eine halbe Tasse in das Weichspülerfach der Waschmaschine.

PULVER ZUR WASSERENTHÄRTUNG

100 g Waschsoda
100 g Salz
100 g Zeolithmehl

Bei sehr hartem Wasser – über zehn Grad deutscher Härte – kann es notwendig oder zumindest sinnvoll sein, ein spezielles Mittel zur Wasserenthärtung zu verwenden. Es nutzt die Eigenschaften des Zeolithmehls, eines natürlichen Minerals, das auch zur Klärung von Aquarien und Teichen verwendet wird. Das Zeolithmehl wird mit Waschsoda und Salz vermischt und in einer geringen Menge – etwa eine halbe Tasse pro Waschgang – direkt über die Wäsche in der Trommel der Waschmaschine gestreut.

MILDES BLEICHMITTEL

200 ml Wasser
50 ml Flüssigseife
50 g Waschsoda
10 Tropfen ätherisches Zitrusöl

Waschsoda durchrühren, im Wasser vollständig auflösen und dann mit der flüssigen Seife und dem ätherischen Zitrusöl vermischen. Dieses Bleichmittel ist für die Handwäsche von weißen Hemden und Blusen geeignet, für die Vorwäsche von weißer Wäsche mit Flecken, aber auch für die Maschinenwäsche von weißen Textilien.

BLEICHMITTEL MIT ZITRONE

100 ml Zitronensaft
100 g Natron
150 ml Wasser

Natronpulver im Wasser durch Rühren vollständig auflösen und anschließend mit dem Zitronensaft verrühren. Um feine Reste von Fruchtfleisch zu entfernen, sollte man den Zitronensaft davor durch einen Kaffeefilter gießen. Weil der frisch gepresste Zitronensaft nicht sehr lange haltbar ist, sollte man von diesem Bleichmittel keine größeren Mengen auf Vorrat herstellen. Die angegebene Menge der Zutaten reicht für einen Waschgang.

Weichspüler

Als Weichspüler ist Essig unschlagbar. Er ist natürlichen Ursprungs, garantiert frei von bedenklichen Zusatzstoffen und bietet den Vorteil, während des Spülganges alle Waschmittelrückstände aus dem Gewebe zu entfernen. Außerdem hat man die Möglichkeit, jeden gewünschten Duft – blumig, holzig, kräuterwürzig – in Form von ätherischen Ölen beizufügen. Bei weißer Wäsche ist Essig als Weichspüler unproblematisch, was die verwendete Menge angeht. Bei Buntwäsche sollte man aber sehr sparsam dosieren, weil Essig zum Ausfärben führen kann. Das gilt besonders für Textilien aus Viskose.

LAVENDEL-WEICHSPÜLER

750 ml weißer Essig
25 Tropfen ätherisches Lavendelöl

Gibt man das ätherische Lavendelöl direkt in die Essigflasche und schüttelt diese gut durch, so hat man einen immer griffbereiten Weichspüler zur Verfügung. Er ist auch sehr ergiebig, sodass etwa eine Tasse davon im Weichspülerfach für einen Waschgang ausreicht. Vor Gebrauch sollte man die Flasche ausgiebig schütteln, damit sich das ätherische Öl gleichmäßig im Essig verteilt und nicht am Boden absetzt.

PFEFFERMINZ-WEICHSPÜLER

750 ml weißer Weinessig
15 Tropfen ätherisches Pfefferminzöl

Man gibt das ätherische Pfefferminzöl tropfenweise in die Essigflasche und schüttelt diese ausgiebig, damit sich das ätherische Öl gleichmäßig im Essig verteilt. Man gibt davon eine Tasse voll je Waschgang in das Weichspülerfach der Waschmaschine.

ORANGEN-WEICHSPÜLER

50 g Natron
250 ml Wasser
750 ml weißer Essig
25 Tropfen ätherisches Orangenöl

Das Natronpulver wird im Wasser durch Rühren vollständig aufgelöst, dann gießt man den Essig dazu und rührt wiederum gut durch. Schließlich wird das ätherische Orangenöl untergerührt und der fertige Weichspüler in eine geeignete Flasche abgefüllt. Es kann natürlich die Essigflasche sein.

 Für einen Waschgang reicht es, eine Tasse dieses Weichspülers in das entsprechende Fach der Waschmaschine zu gießen. Er verleiht der Wäsche einen frischen, fruchtigen Duft und verhindert, dass die Teile im Wäschetrockner durch die Aufladung mit statischer Elektrizität aneinanderkleben.

ZITRONENDUFT-WEICHSPÜLER

750 ml weißer Essig
100 ml Wasser
50 g Natron
15 Tropfen ätherisches Zitrusöl

Das Natronpulver wird im Wasser bis zur vollständigen Lösung verrührt und in den Essig gegossen. Wiederum gut durchrühren, dann das ätherische Zitrusöl unterrühren. Als Behältnis verwendet man am besten die Essigflasche. Eine Tasse dieser Mixtur ins Weichspülerfach der Waschmaschine, und Ihre Wäsche duftet zart zitronenfrisch!

WEICHSPÜLER MIT KRÄUTERESSIG

Wer bei der Verwendung ätherischer Öle Zurückhaltung üben muss, sei es wegen Allergien, Schwangerschaft oder Kleinkindern, kann Duft und Kraft der Kräuter direkt in den Essig einbringen. Man stellt einfach konzentrierten Kräuteressig her!

Weil der Kräuteressig in seiner Funktion als Weichspüler nicht so dekorativ aussehen muss wie jener, den man für den kulinarischen Genuss zubereitet, muss man dafür auch nicht ganze Kräuter, Stämmchen oder Stängel der Kräuter verwenden, sondern kann getrocknete, zerkleinerte Kräuter in den Essig geben. Das hat auch noch den Vorteil, dass der Essig die Inhaltsstoffe der Kräuter viel schneller herauslösen kann. Es reicht meist, den Ansatz der Kräuter im Essig eine Woche stehen zu lassen. Bei ganzen frischen Kräutern braucht es drei bis vier Wochen.

Für die Herstellung von Weichspüler-Kräuteressig verwenden wir also getrocknete Kräuter. Rosmarin, Pfefferminze, Melisse und Lavendel sind die gebräuchlichsten Kräuter. Es hindert Sie aber nichts daran, es auch mit anderen duftenden Kräutern zu versuchen.

Man gibt drei bis vier gehäufte Esslöffel des getrockneten und zerkleinerten Krauts in ein ausreichend großes Glas und übergießt sie mit dem Essig. Das Glas gut verschließen, ausgiebig schütteln und an einen warmen, aber nicht sonnigen Ort stellen. Das Glas sollte täglich mindestens einmal ausgiebig geschüttelt werden, damit immer wieder frischer Essig direkt an die Kräuterteile kommt. Nach einer Woche kann man den Ansatz durch ein feines Sieb abseihen und in eine passende Flasche füllen. Man hat nun einen Weichspüler mit Kräuterkraft, der so, wie er nun ist, in das Weichspülerfach der Waschmaschine gegossen werden kann.

Wäscheparfum

… war in früheren Zeiten in den feinen Haushalten ein Muss. Weil es keine Weichspüler gab und selbst gemachte Waschmittel mit dem Duft ätherischer Öle noch nicht üblich waren, bekam die Wäsche auf diese Weise seinen frischen Duft. Man kann Wäscheparfüm ganz einfach selber machen und vor dem Bügeln sparsam auf die Wäsche sprühen. Man verwendet dazu 90-prozentigen Alkohol oder Feinsprit und gibt auf 100 ml davon zehn Tropfen ätherisches Öl nach Wahl. Das Öl sollte allerdings sehr hell oder, noch besser, völlig durchsichtig sein, damit es auf weißer Wäsche keine unschönen Flecken hinterlässt. Gestärkte Hemd- oder Blusenkrägen und Manschetten sind heute genauso wie gestärkte Tischwäsche eine Seltenheit geworden. Wer sich trotzdem mit diesem Luxus verwöhnen will, ist nicht auf die im Handel erhältlichen Stärkemittel angewiesen. Man kann Stärkemittel auch natürlich und frei von unerwünschten Inhaltsstoffen selber erzeugen.

DUFTENDE WÄSCHESTÄRKE

200 ml Wasser
20 g Maisstärke
5 Tropfen ätherisches Teebaumöl

Die Maisstärke wird im Wasser verrührt, bis sie sich vollständig aufgelöst hat. Dann rührt man das ätherische Teebaumöl unter und füllt das Ganze in eine Sprühflasche. Die Wäsche bzw. jene Teile, die gestärkt werden sollen, besprüht man sparsam mit diesem Stärkemittel und bügelt sodann wie gewohnt. Anstelle des Teebaumöls kann man natürlich auch andere ätherische Öle verwenden. Sie sollten allerdings sehr hell bis durchsichtig sein, damit sie auf der Wäsche keine Flecken hinterlassen.

Wolle + Seide

Feine Naturfasern wie Wolle und Seide verlangen nach einer besonders sorgfältigen Pflege. Kleidungsstücke aus reiner Wolle sollte man nur mit Flüssigseife in kaltem Wasser von Hand waschen, dabei etwas drücken, aber nicht rubbeln, und danach in viel kaltem Wasser gründlich ausspülen. Einweichen und auswringen schaden der Wolle, und zu starke mechanische Bearbeitung kann zu Verfilzungen führen. Nach dem Spülen legt man das Stück auf ein trockenes Handtuch und rollt beides zusammen. So kann man Wasser schonend aus dem Kleidungsstück entfernen. Mit einem zweiten trockenen Handtuch wiederholt man den Vorgang. Schließlich braucht man noch ein drittes trockenes Handtuch, auf das man das Stück legt, in Form zieht und trocknen lässt. Wollene Kleidung sollte man immer liegend auf einem Handtuch trocknen lassen. Sie verliert ihre Form, wenn man sie auf eine Wäscheleine hängt. Wolle kann mehr als das doppelte Volumen an Wasser binden, und auch wenn sich Wolle bereits „trocken" anfühlt, ist noch sehr viel Wasser in der Faser gespeichert.

Fingerspitzengefühl erfordert die Entfernung eines Flecks auf einer Wolljacke oder einem Wollpullover. Man befeuchtet einen Wattebausch mit weißem Essig und betupft damit den Fleck. Man darf dabei aber keinesfalls reiben! Man lässt den Essig etwas einwirken und drückt dann ein sauberes und trockenes Tuch auf den Fleck, um ihn auf das Tuch zu übertragen.

Seide ist ein Produkt der Seidenraupen, die den feinen Faden aus ihren Spinndrüsen auspressen. Die Seidenfasern bestehen aus Eiweißmolekülen, und das bedeutet, dass sie keine Seife mit einem pH-Wert über zehn vertragen. Seidenfasern haben einen natürlichen Fettmantel. Dieser muss auch beim Waschen erhalten bleiben, sonst verliert die Seide ihren Glanz, wird stumpf und matt. Außerdem schützt dieser Fettmantel die Seide vor Flecken und Verfärbungen und bietet den Vorteil, dass Flecken an der Oberfläche des Gewebes bleiben und nicht in die Fasern eindringen können. Sie können also leichter entfernt werden, meist reicht die normale Handwäsche. Vor stark alkalischen Waschmitteln und der mechanischen Beanspruchung in der Waschmaschine sollte man Seide unbedingt schützen.

Für die Handwäsche im Waschbecken gibt man höchstens eine Vierteltasse Flüssigseife in das kalte oder lauwarme Wasser und vermischt sie mit der Hand. In dieser Verdünnung erreicht der pH-Wert der Waschlösung nicht die Schmerzgrenze der Seide. Dann wird das seidene Kleidungsstück ins Wasser gelegt und mehrmals untergetaucht. Das Seidengewebe soll sich nicht mit dem Wasser vollsaugen, sondern nur nass sein. Danach spült man das Stück mit kaltem oder lauwarmem Wasser gründlich aus. Auswringen oder Verdrehen sollte man dabei vermeiden, sonst verknittert die Seide. Nach dem Spülen legt man das Kleidungsstück auf ein trockenes Handtuch und drückt das noch verbliebene Wasser mit den flachen Händen aus dem Gewebe. Zum Trocknen hängt man das Kleidungsstück auf, aber nicht mit Wäscheklammern, sondern am besten auf einem breiten Kleiderbügel, am besten aus Holz oder Kunststoff, nicht aus Metall.

Weil man Kleidungsstücke aus weißer Seide nur sehr behutsam waschen darf, kann es mit deren zunehmendem Alter vorkommen, dass die Seide etwas vergilbt. Diesen Alterungsspuren kann man auf einfache Weise entgegenwirken. Man wäscht das Stück wie zuvor beschrieben, wiederholt den Vorgang aber ohne Seife, dafür mit

> 50 ml weißem Essig
>
> 30 ml Wasserstoffperoxid
>
> 5 Tropfen ätherischem Teebaumöl

im Waschwasser. Diese drei Zutaten verrührt man in einem Glas mit etwa einem halben Liter lauwarmem Wasser und gießt sie in das mit Wasser gefüllte Waschbecken. Mit der Hand vermischen und das seidene Kleidungsstück mehrmals ein- und untertauchen. Danach wie vorher beschrieben spülen und trocknen.

 Übrigens: Sachen aus Seide darf man immer nur auf der „linken Seite", also der Innenseite, bügeln, sonst verlieren sie ihren „seidigen" Glanz!

Trocknen

Wäsche wird heute oft nicht mehr hängend an der Luft getrocknet, sondern kommt nach dem Waschen in den Wäschetrockner. Dieser Vorgang wird für die Wäsche schonender, wenn man Trocknertücher verwendet. Man gibt ein bis zwei davon zur Wäsche in den Trockner und hat dabei noch den zusätzlichen Vorteil, dass man die Wäsche während des Trocknens beduften kann. Solche duftende Trocknertücher kann man einfach selbst herstellen und mit seinem individuellen Lieblingsduft versehen. Als Tücher sollte man Zellulosetücher verwenden, die man als Rollenware um wenig Geld bekommt und in die passende Größe – etwa 20 mal 20 Zentimeter – zuschneiden kann.

DUFTENDE TROCKNERTÜCHER

25 Zellulosetücher, zugeschnitten

200 ml Wasser

20 ml Ansatzalkohol oder Weingeist

5 g Glycerin

25 Tropfen ätherisches Öl Ihrer Wahl

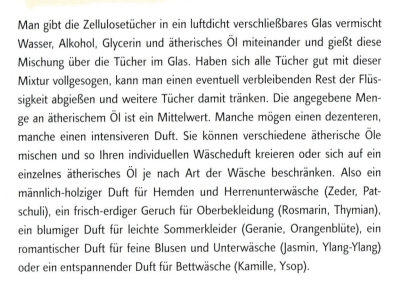

Man gibt die Zellulosetücher in ein luftdicht verschließbares Glas vermischt Wasser, Alkohol, Glycerin und ätherisches Öl miteinander und gießt diese Mischung über die Tücher im Glas. Haben sich alle Tücher gut mit dieser Mixtur vollgesogen, kann man einen eventuell verbleibenden Rest der Flüssigkeit abgießen und weitere Tücher damit tränken. Die angegebene Menge an ätherischem Öl ist ein Mittelwert. Manche mögen einen dezenteren, manche einen intensiveren Duft. Sie können verschiedene ätherische Öle mischen und so Ihren individuellen Wäscheduft kreieren oder sich auf ein einzelnes ätherisches Öl je nach Art der Wäsche beschränken. Also ein männlich-holziger Duft für Hemden und Herrenunterwäsche (Zeder, Patschuli), ein frisch-erdiger Geruch für Oberbekleidung (Rosmarin, Thymian), ein blumiger Duft für leichte Sommerkleider (Geranie, Orangenblüte), ein romantischer Duft für feine Blusen und Unterwäsche (Jasmin, Ylang-Ylang) oder ein entspannender Duft für Bettwäsche (Kamille, Ysop).

Bügeln

… ist auch in Zeiten pflegeleichter oder als „bügelfrei" bezeichneter Textilien die beste Methode, ein Kleidungsstück nicht nur sauber, sondern frisch, gepflegt und einfach schön aussehen zu lassen. Mit einem Dampfbügeleisen der heutigen Generation ist das auch bei Weitem einfacher als in jenen Zeiten, als man noch ein befeuchtetes Bügeltuch auf das Kleidungsstück legen musste. In das Dampfbügeleisen wird Wasser gefüllt. Dem Gerät zuliebe sollte man destilliertes Wasser verwenden, dann verkalkt das Bügeleisen nicht so schnell. Es muss aber nicht bloß Wasser sein, man kann es zu einem feinen, duftenden Bügelwasser veredeln und diese duftende Mischung in das Dampfbügeleisen füllen!

DUFTENDES BÜGELWASSER

1 l destilliertes Wasser
30 ml Weingeist bzw. Ansatzalkohol
30 Tropfen ätherisches Öl Ihrer Wahl

Destilliertes Wasser, Weingeist und ätherisches Öl werden gut miteinander vermischt und in eine passende, gut verschließbare Flasche gefüllt. Aus dieser Flasche befüllt man bei Bedarf das Dampfbügeleisen. Die gebräuchlichsten ätherischen Öle für das Bügelwasser sind Lavendel, Rose, Blutorange oder Zeder. Es steht Ihnen aber die ganze Palette an Düften offen.

Motten

… mögen Textilien, besonders Kleidungsstücke aus Naturfasern. Sie finden ihren Weg auch in den saubersten Kleiderschrank mit dicht schließenden Türen und hinterlassen auf den Kleidungsstücken deutliche Spuren ihrer Gefräßigkeit in Form von Mottenlöchern. Seit Jahrzehnten versucht man seine Kleidung mithilfe widerwärtig riechender Mottenkugeln vor dem Appetit der kleinen Falter zu schützen. Abgesehen von diesem Mief verbreiten die Mottenkugeln auch das toxische Paradichlorbenzol, und das müssen wir nicht in unserer Kleidung haben, zumal es einfache, natürliche und gesundheitlich unbedenkliche Alternativen gibt. Gegen Motten schützen diese selbst gemachten Mittel genauso wie die giftigen Mottenkugeln.

STOFFBEUTEL mit Zedernholzspänen schützen Wollsachen zuverlässig vor den nagenden Faltern. Man gibt die Späne in einen kleinen Stoffbeutel und legt diesen zwischen die Wollsachen.

ALTERNATIV kann man auch Zellulosetücher mit ätherischem Zedernöl beträufeln und diese zwischen die Wollsachen legen. Der Zedernduft ist den Motten ein Gräuel, und sie verlieren garantiert den Appetit.

WINTERKLEIDUNG, die in einem Koffer oder einer Truhe aufbewahrt wird, kann man auch mit dem Duft ätherischen Lavendel- oder Rosmarinöls vor Motten schützen. Man träufelt einige Tropfen davon auf ein sauberes Geschirrtuch, faltet dieses zusammen und legt es zwischen die Kleidungsstücke.

WINTERKLEIDUNG, die den Sommer über offen im Schrank hängt, wird für Motten uninteressant, wenn man an die Kleiderstange in regelmäßigen Abständen getrocknete Zitronenschalen hängt. Verlieren sie nach einiger Zeit ihren Duft, ersetzt man sie durch frische.

WÄSCHE IN SCHUBLADEN duftet immer frisch und ist weitgehend vor Motten sicher, wenn man in jeder Schublade ein kleines Stoffsäckchen mit getrockneten Lavendelblüten zwischen die Wäschestücke legt.

DIE SCHUBLADEN kann man auch mit einer doppelten Lage Seidenpapier auskleiden. Die untere Lage bestreicht man mit einem Wattebausch, den man mit ätherischem Lavendel-, Geranien- oder Rosmarinöl befeuchtet hat. Seidenpapier, auch in verschiedenen Farben, bekommt man in Schreibwaren- und Bastelbedarfsläden.

Schuhe

… werden meist mit Schuhcreme äußerlich geputzt. In deren Innerem sammeln sich aber Bakterien und Keime, die mit der Zeit den sattsam bekannten Geruch verursachen. Das kann man vermeiden, indem man ihre Innenseiten öfters mit Schuhspray einsprüht. Man mischt dazu

- 100 ml Wasser
- 20 ml Spiritus
- 30 Tropfen ätherisches Teebaumöl

und gibt diese Mischung in eine Sprühflasche. Spiritus und Teebaumöl machen Keimen und Bakterien den Garaus und lassen den muffigen Geruch gar nicht erst aufkommen.

> HOLZ IST DAS BELIEBTESTE MATERIAL
> IN UNSERER WOHNUMGEBUNG.
> ES BRAUCHT JEDOCH EIN GEWISSES
> MASS AN PFLEGE, DAMIT ES
> SEINE SCHÖNHEIT BEHÄLT.

Möbel und Holzböden

KAPITEL 10

MÖBELREINIGER … 161

HOLZERFRISCHER … 162

ÖLPFLEGE … 163

HOLZBODENREINIGER … 165

FEUCHTTÜCHER
ZUR BODENREINIGUNG … 166

HOLZPOLITUR UND WACHSE … 167

»»» HOLZ

… ist ein ganz besonderer Werkstoff. Es ist ein gewachsener Naturstoff, kein gemachter. Das Wachstum des Baumes, von dem das Holz stammt, bildet sich im Holz ab.

Es ist kein Wunder, dass wir uns in einer Wohnumgebung mit viel Holz ganz besonders wohl fühlen. Allerdings nimmt die unlackierte Holzoberfläche gerne Flecken an. Und diese zu entfernen ist wichtig, um die Holzoberfläche makellos zu halten. Es gibt viele Mittel und Methoden, um diese Flecken zu entfernen. Weil unterschiedliche Holzarten aber auf manche Mittel, etwa ätherische Öle, ganz verschieden reagieren, ist es wichtig, jedes Mittel vor dessen erster Anwendung an einer versteckten Stelle des jeweiligen Möbelstücks zu testen. Das kann man an der Unterseite einer Tischplatte oder auf der Innenseite einer Schranktür machen. Nur wenn diese Stelle auch noch Stunden nach der Anwendung keine Verfärbung oder sonstige Auffälligkeit zeigt, können Sie das getestete Mittel bedenkenlos anwenden.

Die Pflege der Wohnräume ist heute zumeist eine Sache des Staubsaugers. Für eine gründliche Reinigung zwischendurch, für die Pflege von Polstermöbeln und Teppichen und für die konservierende Reinigung von Holzböden und Möbeln mit Oberflächen aus echtem Holz braucht man allerdings Reinigungs- und Pflegemittel.

BRANDFLECKEN entstehen oft auf Tischplatten aus Holz durch Zigarettenglut. Hat sich der Fleck nicht in die Oberfläche eingebrannt, kann man ihn mit einer dünnflüssigen Paste aus Zigarettenasche, etwas Leinöl und einigen Tropfen ätherischem Öl (Teebaum für helles, Pfefferminze für dunkles Holz) abreiben. Hat sich der Brandfleck in das Holz eingebrannt, bleibt nur der Griff zum Schleifpapier.

FETTFLECKEN können sowohl auf Tischplatten wie auch auf Holzfußböden entstehen. In beiden Fällen ist es sinnvoll, sofort Eiswürfel auf den Fettfleck zu legen, damit das Fett hart wird und nicht tiefer in die Holzfasern eindringt. Es bildet sich eine feste Fettschicht, die man mit einem stumpfen Gegenstand ohne harte Kanten, etwa einem Holzspatel, abschaben kann. Bei lackiertem Holz sollte das Problem damit erledigt sein. Bei unbehandeltem oder imprägniertem Holz können Ränder bleiben, die man mit einem Gemisch aus etwas Flüssigseife und einigen Tropfen ätherischem Eukalyptusöl befeuchten und dann mit einem weichen Tuch abtupfen kann.

SPUREN von Schuhabsätzen zeigen sich oft als schwarze Striche auf Holzböden. Sie lassen sich meist mit einem weichen Tuch, das sparsam mit ätherischem Zedern- oder Eukalyptusöl befeuchtet wurde, abreiben.

WASSERFLECKEN UND WASSERRINGE sind wahrscheinlich die häufigsten Flecken auf Holzoberflächen. Es müssen nicht einmal undichte Blumenvasen sein, die sie verursachen. Schon das Kondenswasser an der Außenseite eines kalten Trinkglases reicht, um einen deutlichen Wasserring auf dem Holz zu hinterlassen. Um diese Flecken zu entfernen, muss man zuerst die vorhandene Politur des Holzes entfernen. Man kann sie mit einem mit Essig befeuchteten Tuch abreiben. Danach trägt man – in der Richtung von außen nach innen – Leinöl auf den Fleck auf und lässt es einige Stunden einwirken. Anschließend poliert man die Stelle mit einem Tuch, und vom Wasserring oder Fleck sollte nichts mehr zu sehen sein.

Möbelreiniger

REINIGUNGSMITTEL FÜR LACKIERTES HOLZ

150 ml Wasser

100 ml Zitronensaft

20 ml flüssige Kernseife

3 Tropfen ätherisches Geranien- oder Bergamottenöl

Der frisch gepresste Zitronensaft wird durch einen Kaffeefilter gegossen, um feinste Reste von Haut und Fruchtfleisch zu entfernen. Dann verrührt man ihn mit Wasser, Flüssigseife und ätherischem Öl. Mit diesem dezent duftenden Mittel kann man auch alten, klebrigen oder verkrusteten Schmutz von lackierten Holzflächen entfernen und diesen ein frisches, sauberes Aussehen verleihen.

MÖBELREINIGER MIT ZEDERNDUFT

50 ml flüssige Kernseife oder kastilische Flüssigseife

200 ml Wasser

20 Tropfen ätherisches Zedernöl

Die flüssige Seife wird mit dem Wasser und anschließend dem ätherischen Zedernöl fein verrührt. Dann füllt man das Ganze in eine Sprühflasche und hat einen Reiniger für Regale, Schrankwände und -türen, Kommoden und Holztische, der auch fettige Fingerabdrücke problemlos entfernt. Man sprüht den Reiniger direkt auf die Flächen und wischt sie mit einem trockenen Tuch sauber. Als Zugabe erhält man einen frischen, aber unaufdringlichen Zedernduft.

MÖBELREINIGER MIT MELISSE

20 g getrocknete Zitronenmelisse
250 ml kochendes Wasser
50 ml Zitronensaft
10 Tropfen ätherisches Zitrusöl

Die getrocknete Zitronenmelisse wird in einem passenden Gefäß mit dem kochenden Wasser übergossen. Gut eine Viertelstunde ziehen lassen, dann abseihen. Den Zitronensaft durch einen Kaffeefilter gießen und mit dem Melissenabsud verrühren. Schließlich das ätherische Zitrusöl unterrühren und die Mixtur in eine Sprühflasche füllen. Besprüht man abgestaubte Holzflächen sparsam mit diesem Reiniger, so entfernt er einerseits eventuell vorhandene fettige Schmutzreste und sorgt andererseits dafür, dass die saubere Holzfläche den Staub nicht so rasch wieder annimmt. Außerdem hinterlässt er einen frischen Zitronenduft.

Holzerfrischer

HOLZERFRISCHER MIT BEERENBLÄTTERABSUD

20 g frische oder 10 g getrocknete Himbeer- oder Brombeerblätter
250 ml kochendes Wasser
100 ml weißer Essig
50 ml Zitronensaft

Die frischen oder getrockneten Himbeer- oder Brombeerblätter werden in einem passenden Topf mit dem kochenden Wasser übergossen. Etwa

20 Minuten lang ziehen lassen, dann abseihen. Den frisch gepressten Zitronensaft gießt man durch einen Kaffeefilter, um feine Fruchtfleischreste zu entfernen. Dann vermischt man den Absud mit Essig und Zitronensaft und füllt das Ganze in eine Sprühflasche.

 Dieses Spezialreinigungsmittel erweckt alte, stumpf gewordene Holzoberflächen zu neuer Frische. Man sprüht den Reiniger auf ein weiches Tuch, das nicht fuselt, und wischt damit die Flächen. Mit einem zweiten, mit Wasser befeuchteten Tuch wischt man nach und reibt schließlich mit einem dritten, trockenen Tuch die Fläche trocken.

Ölpflege

ÖLPFLEGE FÜR TROCKENES HOLZ

Die trockene Luft in zentral beheizten Räumen macht nicht nur den Bewohnern, sondern auch unbehandelten oder nur imprägnierten Holzflächen zu schaffen. Das Holz wird sehr trocken und sieht dann auch alt aus. Mit dem folgend beschriebenen Mittel kann man diesem Holz die Frische zurückgeben. Es ist eine regelrechte „Feuchtigkeitspflege" für das Holz!

100 ml Leinöl + 10 Tropfen ätherisches Zitrusöl

Das ätherische Zitrusöl wird im Leinöl sorgfältig verrührt und in ein geeignetes, luftdicht verschließbares Behältnis gefüllt. Man gibt wenig von dieser Mischung auf ein sauberes Tuch und reibt damit das Öl kräftig in das Holz ein. Es ist wichtig, nicht zu viel von diesem Mittel auf die Holzfläche aufzutragen. Einerseits ziehen Ölrückstände Staub an, andererseits haben Sie eventuell Ölflecken auf Dingen, die Sie auf dieser Holzfläche ablegen. Zur Sicherheit sollte man die Fläche etwa eine Stunde nach der Pflege noch einmal mit einem sauberen, trockenen Tuch kräftig nachwischen.

Holzbodenreiniger

Holzböden reagieren auf Feuchtigkeit oder gar Nässe sehr empfindlich. Wird ein Parkettboden öfters nass gewischt, so sieht man ihm das auch an. Wenn es überhaupt notwendig ist, den Holzboden feucht zu reinigen, sollte das mit einem feuchten und keinesfalls tropfnassen Wischtuch geschehen. Zur Erhöhung der Wirksamkeit sollte man statt reinem Wasser ein Bodenwischmittel verwenden. Ein nasser Mopp, wie man ihn für Stein- oder Fliesenböden verwendet, ist für Holzböden völlig ungeeignet. Die Nässe kann in Ritzen und Fugen dringen und das Holz aufquellen lassen.

BODENREINIGER MIT ZITRUSÖL

15 ml flüssige Kernseife
500 ml heißes Wasser
20 Tropfen ätherisches Zitrusöl

Die flüssige Seife wird im heißen Wasser verrührt, bis sie sich vollständig darin gelöst hat. Dann rührt man das ätherische Zitrusöl unter und gießt das Ganze in einen Behälter, in den man das Bodenwischtuch tauchen kann. Daneben braucht man noch einen Eimer mit klarem Wasser, um das Wischtuch immer wieder auszuspülen und fest auszuwringen. Dieser Bodenreiniger ist zwar für Holzböden und speziell Parkettböden gedacht, pflegt aber auch Naturstein- und Marmorböden vorzüglich.

PFLEGEREINIGER FÜR DUNKLE HOLZBÖDEN

20 g Schwarztee, 500 ml kochendes Wasser
20 ml flüssige Kernseife
20 Tropfen ätherisches Zedernöl

Für dieses Reinigungsmittel ist jeder beliebige Schwarztee geeignet. Es kommt schließlich nicht auf seinen Geschmack, sondern auf die enthaltenen Farb- und Gerbstoffe (Tannine) an. Man übergießt den Tee mit dem kochenden Wasser, lässt ihn etwa fünf Minuten ziehen und seiht ihn dann ab. Schließlich rührt man die flüssige Kernseife und das ätherische Zedernöl sorgfältig unter. Die Reinigung des Holzbodens erfolgt in der gleichen Weise wie beim vorherigen Reiniger beschrieben. Dieser Reiniger ist allerdings nur für dunkle Holzdielen geeignet.

Feuchttücher zur Bodenreinigung

FEUCHTTÜCHER ZUR BODENREINIGUNG

25 zugeschnittene Zellulosetücher
200 ml Wasser, 50 ml Spiritus
10 ml flüssige Kernseife, 20 Tropfen Teebaumöl

Die Zellulosetücher kann man so zuschneiden, dass sie für die im Handel erhältlichen Bodenwischgeräte passen. Üblich ist eine Größe von 21 mal 27 Zentimeter. So kann man die Feuchttücher einfach in den Wischer klemmen. Die zugeschnittenen Zellulosetücher gibt man in eine luftdicht verschließbare Plastikdose. Wasser, Spiritus, flüssige Seife und Teebaumöl werden gut miteinander verrührt und über die Tücher in der Dose gegossen. Man sollte die Tücher öfters kurz drücken, damit sie eine maximale Flüssigkeitsmenge aufsaugen können. Luftdicht in der Dose verschlossen sind die Feuchttücher immer bereit, um schnell in den Wischer geklemmt zu werden und einen verschmutzten Holzfußboden zu reinigen.

Holzpolituren und Wachse

Holz braucht Pflege, um seine Schönheit erhalten zu können. Das weiß man schon seit einigen Jahrhunderten, denn schon so lange ist es üblich, das zuvor gereinigte Holz mithilfe von Bohnerwachs auf Hochglanz zu bringen. Die oft bewunderten, reich mit Schnitzereien verzierten Stühle und Tische in Rittersälen würden ohne Bohnerwachs heute nicht mehr so gut aussehen. Allerdings verwendete man früher wirklich nur Wachs, also Bienenwachs, und kaum etwas an Zusatzstoffen. Industriell hergestellte Möbelpolituren haben damit kaum noch etwas zu tun. Besonders in den Möbelsprays ist einiges an fragwürdigen Zusatz- und Konservierungsstoffen zu finden, was zwar den Glanz von Holzoberflächen erhöht, für die Gesundheit der Bewohner dieses glänzenden Heims und für jene der Umwelt aber nicht gerade förderlich ist. Zum Glück ist das Wissen um eine sinnvolle und gesundheitlich unbedenkliche Holzpflege für alle Interessierten zugänglich und die entsprechenden Pflegemittel, die Holzpolituren und Wachse, können Sie ohne viel Aufwand selbst herstellen.

DUFTENDE BIENENWACHSPOLITUR

100 g reines Bienenwachs in Plättchen
100 ml feines Speiseöl (Oliven- oder Rapsöl)
10 Tropfen ätherisches Zitrusöl

Die Bienenwachsplättchen werden im Wasserbad geschmolzen. Sobald das Wachs vollständig verflüssigt ist, nimmt man es aus dem Wasserbad und rührt langsam das Öl und dann das ätherische Zitrusöl ein. Gut durchrühren und in eine verschließbare Blechdose oder ein Schraubdeckelglas abfüllen. Von dort auf ein weiches Tuch streichen und die Holzflächen damit in kreisförmigen Bewegungen polieren. Anschließend mit einem trockenen Tuch nachpolieren.

KLASSISCHE BIENENWACHSPOLITUR

250 g reines Bienenwachs in Plättchen
100 ml Terpentin
100 ml Wasser
50 ml Zitronensaft
50 g geraspelte Kernseife

Man gibt die Bienenwachsplättchen in ein ausreichend großes Becherglas, stellt dieses in einen großen Topf mit Wasser, erhitzt dieses und bringt das Bienenwachs im Wasserbad zum Schmelzen. Sobald das Wachs eine gleichmäßige Schmelze bildet, nimmt man es aus dem Wasserbad und rührt langsam und vorsichtig das Terpentin (bitte echtes Terpentin, kein Terpentinersatz) unter. Den frisch gepressten Zitronensaft gießt man durch einen Kaffeefilter und verrührt ihn mit dem Wasser. Diese Mischung lässt man in einem Kochtopf kurz aufkochen, dann rührt man die Seifenflocken ein. So lange weiterrühren, bis die Seife vollständig aufgelöst ist. Die Zitronensaftmischung gießt man nun ganz langsam und unter ständigem Rühren in die Bienenwachsmischung. Weiterrühren, bis eine gleichmäßige Mixtur entstanden ist. Dann gießt man diese in eine Blechdose mit gut schließendem Deckel oder ein Schraubdeckelglas und lässt sie dort vor dem Verschließen völlig abkühlen.

Diese klassische Wachspolitur wird richtig angewandt, indem man ein weiches Tuch in die Politur taucht und eine kleine Menge davon in kreisenden Bewegungen auf der Holzfläche verteilt. Danach wird das Holz mit einem zweiten Tuch trockenpoliert.

BIENENWACHSPOLITUR SCHRITT FÜR SCHRITT

1. Bienenwachsplättchen im Wasserbad schmelzen.

2. Terpentin unterrühren.

3. Zitronensaft durch einen Kaffeefilter dazugießen. Kurz aufkochen lassen.

4. Seifenflocken beigeben und so lange rühren, bis sie vollständig aufgelöst sind.

5. Gut durchrühren.

6. In ein Schraubdeckelglas füllen und erst nach dem Abkühlen verschließen.

Möbel und Holzböden

EXPRESSPOLITUR MIT ROSMARINDUFT

100 ml Leinöl

10 Tropfen ätherisches Rosmarinöl

Diese Politur ist für den sofortigen Gebrauch bestimmt. Man verrührt in einer passenden Schüssel das ätherische Rosmarinöl mit dem Leinöl. Mit einer Bürste trägt man die Politur auf die Holzfläche auf, reibt sie dann mit einem weichen Tuch in kreisförmigen Bewegungen ins Holz ein. Anschließend wischt man mit einem trockenen Tuch, ebenfalls kreisförmig, so lange nach, bis die Holzfläche völlig trocken ist.

PFLEGEPASTE MIT KARNAUBAWACHS

50 g Karnaubawachs in Flocken

100 ml Leinöl

10 Tropfen ätherisches Lavendelöl

Karnaubawachsflocken und Leinöl kommen in ein feuerfestes Becherglas. Dieses stellt man in ein Wasserbad und erhitzt es langsam. Dabei rührt man häufig um, bis sich das Wachs vollständig im Öl aufgelöst hat. Dann nimmt man die Schmelze aus dem Wasserbad, rührt das ätherische Lavendelöl unter und das Ganze noch einmal gut durch. Schließlich gießt man die abkühlende Paste in eine verschließbare Blechdose oder ein Schraubdeckelglas. Erst nach dem völligen Erkalten verschließen!

 Karnaubawachs ist das härteste natürlich vorkommende Wachs. In Verbindung mit Leinöl ist es eines der besten Holzpflege- und Holzschutzmittel. Die Pflegepaste wird mit einem trockenen Tuch in kleinen kreisförmigen Bewegungen aufgetragen. Anschließend poliert man mit einem zweiten, trockenen Tuch sorgfältig nach.

BODENWACHS MIT ZITRONE

150 ml Leinöl, 50 ml Zitronensaft

50 g Bienenwachs in Plättchen, 50 g Karnaubawachs in Flocken

20 Tropfen ätherisches Zitrusöl

Das Leinöl, die Bienenwachsplättchen, die Karnaubawachsflocken und den frisch gepressten, durch einen Kaffeefilter gegossenen Zitronensaft in ein feuerfestes Becherglas geben und langsam und unter häufigem Rühren im Wasserbad erwärmen. Ist das Wachs völlig geschmolzen, rührt man die Schmelze glatt und das ätherische Öl ein. Dann nimmt man die Schmelze aus dem Wasserbad und gießt sie in eine runde Blechdose mit glattem Rand. Sobald die Schmelze etwas abgekühlt ist, stellt man das Behältnis in den Kühlschrank. Ist das Wachs fest geworden, dreht man die Dose um und löst den Wachsblock durch Klopfen auf die Dosenseiten heraus. Mit diesem Block bestreicht man den Boden und reibt das Wachs mit einem Tuch kräftig in den Holzboden ein. Dann poliert man mit einem trockenen Tuch nach.

WALNUSSPOLITUR FÜR DUNKLES HOLZ

100 ml Walnussöl, 100 ml Leinöl

100 ml Zitronensaft

Der frisch gepresste Zitronensaft wird durch einen Kaffeefilter gegossen, mit den beiden Ölen gut verrührt und in eine verschließbare Dose gegossen. Man trägt mit einer weichen Bürste eine dünne Schicht der Politur auf die Holzfläche auf, reibt sie mit einem weichen Tuch in kreisförmigen Bewegungen in das Holz ein und wischt dann mit einem trockenen Tuch ausgiebig nach. Diese Politur ist speziell für dunklere Holzarten geeignet.

 Will man eine größere Menge dieser Politur auf Vorrat herstellen, sollte man anstelle des begrenzt haltbaren Zitronensafts besser ätherisches Zitrusöl verwenden.

WACHSENTFERNER FÜR HOLZBÖDEN

200 ml weißer Essig
100 ml Zitronensaft
50 ml flüssige Kernseife
10 Tropfen ätherisches Zitrusöl

Der frisch gepresste Zitronensaft wird durch einen Kaffeefilter in den Essig gegossen und gemeinsam mit flüssiger Kernseife und ätherischem Zitrusöl darin verrührt. Dann gießt man das Ganze in einen Behälter, der so groß ist, dass man einen Schwammwischer darin eintauchen kann. Damit wird nun der Holzboden mit kräftigen, kurzen Strichen gewischt. Es ist sinnvoll, die Bodenfläche in kleine Abschnitte zu unterteilen und jeden Abschnitt sofort nach dem feuchten Wischen mit einem Bodenwischtuch oder einem festen Mopp trockenzuwischen.

 Dieser Wachsentferner ist für unversiegelte Holzböden geeignet, von denen man die alte Wachsschicht mit ihren Verschmutzungen entfernen sollte, bevor man sie mit frischem Wachs poliert.

KAPITEL 11

Teppiche

FLECKENTFERNER FÜR TEPPICHE … 178

ANTI-FLOH-PULVER FÜR TEPPICHE … 181

ANTIBAKTERIELLES TEPPICHSPRAY … 182

EIN TEPPICH GIBT DEM WOHNRAUM WÄRME UND IST EIN WICHTIGES DEKORATIVES ELEMENT. ER BIETET ABER AUCH JEDE MENGE RAUM FÜR DIE ANSAMMLUNG VON SCHMUTZ.

Teppiche

… geben einem Wohnraum Behaglichkeit und Wärme. Weil sie ihrer Natur entsprechend auf dem Boden liegen, nehmen sie aber auch jede Menge Schmutz auf. Dazu kommen Hausstaubmilben und, falls Sie Hunde oder Katzen haben, manchmal noch Flöhe und deren Gelege. Das ist nicht nur ungesund, die Kleinlebewesen ruinieren auch den Teppich.

Die Reinigung mit dem Staubsauger entfernt zwar die groben Verunreinigungen. Man sollte aber häufig begangene Bereiche vor dem Saugen mit einem Besen oder Teppichroller vorreinigen und den Flor auflockern. So kommt auch tiefer liegender Schmutz an die Oberfläche und kann mit dem Staubsauger entfernt werden. Ideal für die Teppichreinigung ist natürlich ein Klopfsauger. Moderne Teppiche sind auf der Rückseite meist beschichtet. Einerseits, um ein Verrutschen auf glatten Böden zu verhindern, andererseits aber auch, um ein Durchfallen des Schmutzes durch den Teppich weitgehend zu verhindern.

Aber der Teppich braucht manchmal eine richtige Tiefenreinigung, bei der auch tiefliegende Verschmutzung entfernt, die Fasern gelockert und die Farben aufgefrischt werden. Das kann man von einem der zahlreichen darauf spezialisierten Dienstleister machen lassen und darauf vertrauen, dass der Teppich nicht mit einem Chemiecocktail getränkt wird. Man kann es aber auch selber machen, genauso wie die dafür nötigen Reinigungsmittel.

Seife ist eine gute Basis für Teppichreinigungsmittel. Sie wirkt leicht rückfettend, wodurch die Textilfasern des Teppichs nicht zu sehr austrocknen. Neuerliche Verschmutzung kann sich an den Fasern dann nicht so leicht festsetzen. Auch kann man die für Mottenbefall anfälligen Wollteppiche gleich bei der Reinigung gegen Motten schützen, indem man dem Reinigungsmittel ätherisches Zedern- oder Lavendelöl beifügt. Allerdings sollte man bei der Nassreinigung eines Teppichs darauf achten, nicht zu viel des Guten zu tun. Ein sehr luftiger Schaum mit wenig Seife, in der Form eines Teppichshampoos aufgebracht, ist weitaus wirkungsvoller, als den Teppich in einer satten Seifenbrühe zu tränken.

Einige allgemeine Regeln für die Pflege von Teppichen sollen helfen, den Reinigungsaufwand möglichst gering zu halten.

TEPPICHFRANSEN kann man mit der Fugendüse des Staubsaugers in eine Reihe bringen. Man lässt die Düse etwa zwei Zentimeter vor den Fransen vorbeigleiten. Auch kann man die Fransen mit Wäschestärke besprühen (aber zuvor Papier unterlegen!) und ihnen auf diese Weise mehr Halt geben.

BRÜCKEN, LÄUFER UND KLEINE TEPPICHE kann man wie in alten Zeiten mit dem Teppichklopfer reinigen. Allerdings nicht zu oft, weil diese Art der Reinigung das Gewebe stark beansprucht. Teppiche aus Naturfasern wie Sisal, Binsen oder Kokos dürfen überhaupt nicht geklopft, sondern nur gesaugt werden. Brauchen diese eine gründliche Reinigung, genügt es, sie in Salzwasser zu waschen und anschließend an der Luft und im Schatten zu trocknen.

STARK BENUTZTE STELLEN auf einem Teppich nennt man „Laufstraßen". Sie verschmutzen nicht nur besonders stark, sondern zeigen auch bald Spuren von Abnutzung. Das kann man weitgehend vermeiden, indem man den Teppich hin und wieder dreht, damit er möglichst an allen Stellen gleichmäßig belastet bzw. abgenutzt wird.

DRUCKSTELLEN auf einem Teppich verschwinden, wenn man einen Eiswürfel auf dem Abdruck schmelzen lässt. Das Wasser dann abtupfen und die Stelle gut durchtrocknen lassen.

ZIGARETTENRAUCH setzt sich in Vorhängen, Polstermöbeln und Teppichen fest. Eine Schüssel Wasser, am besten mit einem Schuss Essig, im Raum verringert diese Belastung. Eine angezündete Kerze erfüllt ebenfalls die Funktion eines Rauchverzehrers.

FLECKEN von verschütteten Speisen und Getränken sollte man so schnell wie möglich entfernen. Man betupft sie zuerst mit Hand- oder Papiertüchern, um möglichst viel von der Flüssigkeit aufzusaugen. Dabei sollte man keinesfalls reiben, denn damit bringt man die Verunreinigung nur noch tiefer in den Flor. Verbleibende Spuren des Flecks kann man mit einer Lösung aus Essig und etwas Seife oder Natron schonend entfernen.

BLUTFLECKEN sollte man sofort mit kaltem Wasser betupfen. Lässt sich der Fleck damit nicht ganz entfernen, kann man ihn mit einem Tuch, das mit kaltem Wasser und einigen Tropfen ätherischem Eukalyptusöl befeuchtet ist, abtupfen.

MATSCHFLECKEN und solche von feuchter Erde bestreut man mit Salz oder Natronpulver oder einer Mischung von beidem. Man lässt das Salz bzw. Pulver etwa eine Stunde einwirken. Dann ist auch der feuchte Fleck getrocknet und lässt sich gemeinsam mit dem Pulver einfach mit dem Staubsauger absaugen.

TINTENFLECKEN bestreut man zuerst mit Weinsteinbackpulver und lässt dieses etwas einwirken. Dann nimmt man eine halbe Zitrone, drückt einige Tropfen Zitronensaft auf den Fleck und reibt anschließend mit dem Fruchtfleisch darüber. Dann bürstet man das Backpulver heraus und tupft Zitronensaft und eventuelle Fruchtfleischreste mit einem feuchten Schwamm ab.

URINFLECKEN, auch solche von undichten Junghunden und -katzen, betupft man zuerst mit Papiertüchern, um möglichst viel von der Flüssigkeit aufzusaugen. Dann mischt man 100 ml Essig mit 10 ml Flüssigseife und zehn Tropfen ätherischem Zitrusöl, trägt diese Mischung mit einem Schwamm auf die betroffene Stelle des Teppichs auf und lässt sie etwa eine halbe Stunde einwirken. Essig und ätherisches Zitrusöl lösen nicht nur den Urinfleck, sie desinfizieren ihn auch und beseitigen den Geruch. Abschließend wird die Stelle mit einem weichen Tuch trockengetupft.

Fleckenentferner für Teppiche

FLECKENPULVER FÜR TEPPICHE

20 g Waschsoda
20 g Zitronensäurepulver
Etwas heißes Wasser

Waschsoda und Zitronensäurepulver werden gut miteinander vermischt. Diese Mischung streut man auf den Fleck und rubbelt ein wenig, damit das Pulver möglichst tief in den Flor eindringt. Etwas einwirken lassen, dann heißes Wasser darübergießen, vorsichtig und sanft reiben, bis die Lösung schäumt, dann mit einem Schwamm abtupfen.

TEPPICHSHAMPOO MIT PFEFFERMINZE

10 g getrocknete Pfefferminze
250 ml kochendes Wasser
100 ml flüssige Kernseife oder kastilische Flüssigseife
10 Tropfen ätherisches Pfefferminzöl

Die getrocknete und fein zerkleinerte Pfefferminze wird in einem passenden Topf mit dem kochenden Wasser übergossen. Etwa eine Viertelstunde ziehen lassen, dann in eine Schüssel abseihen und mit der Flüssigseife verrühren, bis eine gleichmäßige Lösung entstanden ist. Dann das ätherische Pfefferminzöl einrühren.

 Dieses Shampoo reibt man mit einem Schwamm in den Teppich ein und lässt den Schaum vollständig antrocknen. Anschließend kann man ihn mit dem Staubsauger absaugen.

SCHAUMREINIGER FÜR TEPPICHE

100 ml Flüssigseife

200 ml Wasser

30 g Natron

20 Tropfen ätherisches Zitrusöl

Die Flüssigseife wird im Wasser verrührt, bis eine gleichmäßige Seifenlösung entstanden ist. Dann rührt man das Natronpulver und das ätherische Öl ein. Mit diesem Shampoo schäumt man den Teppich ein und spült den Schaum anschließend mit klarem Wasser ab. Dann lässt man den Teppich gut trocknen.

KRAFTVOLLE TEPPICHWASCHLÖSUNG

2 l heißes Wasser

50 g Alaunpulver

100 ml weiße Essigessenz

10 Tropfen ätherisches Zitrus- oder Rosmarinöl

In einem passenden Eimer wird das Alaunpulver im heißen Wasser vollständig aufgelöst. Dann rührt man die Essigessenz und das ätherische Öl unter. Man taucht dann einen Schwammwischer in die Waschlösung, drückt die überschüssige Flüssigkeit heraus und wischt den Teppich behutsam mit dem nassen Schwamm sauber. In einem zweiten Eimer mit klarem Wasser spült man den Schwammwischer sauber, bevor man ihn erneut in den Eimer mit der Waschlösung taucht.

 Die Mischung aus Essig und Alaun reinigt und lockert die Teppichfasern, das ätherische Öl hinterlässt einen dezenten, frischen Duft.

PULVRIGES TEPPICHDEODORANT

150 g Natron
100 g feines Maismehl
15 Tropfen ätherisches Wacholderöl
10 Tropfen ätherisches Zedernöl

Natron und Maismehl werden in einer passenden Schüssel gut miteinander vermengt und anschließend mit den ätherischen Ölen beträufelt. Weil das Maismehl leicht mit den Tropfen der ätherischen Öle verklumpt, muss man die Mischung besonders sorgfältig durchrühren. Hat man alle Klümpchen durch Rühren aufgelöst, kann man das Pulver über den Teppich streuen. Man lässt es mehrere Stunden einwirken, bevor man es mit dem Staubsauger absaugt.

Dieses Mittel ist besonders geeignet, wenn der Teppich durch Haustiere oder nackte Kinderfüße schon einen gewissen muffigen Geruch ausdünstet. Dieses Deodorant lässt den Geruch verschwinden. Der Teppich riecht wieder frisch und sieht auch so aus!

ROSMARIN-TEPPICHSHAMPOO

10 g getrockneter Rosmarin

250 ml kochendes Wasser

50 g Natron

30 g Seifenflocken oder geschabte Kernseife

15 Tropfen ätherisches Rosmarinöl

Der getrocknete Rosmarin wird in einem passenden Topf mit dem kochenden Wasser übergossen. Etwa eine Viertelstunde ziehen lassen, dann in eine Schüssel abseihen und zuerst mit den Seifenflocken, dann mit dem Natronpulver und dem ätherischen Rosmarinöl verrühren. Das Shampoo wird mit einem Schwamm auf den Teppich aufgebracht und vorsichtig eingerieben, bis es schäumt. In einem Eimer mit reinem Wasser wird der Schwamm zwischendurch immer wieder ausgewaschen. Schließlich lässt man den Schaum abtrocknen und saugt ihn mit dem Staubsauger ab.

Anti-Floh-Pulver für Teppiche

ANTI-FLOH-PULVER FÜR TEPPICHE

250 g Natron

10 Tropfen ätherisches Zitrusöl

10 Tropfen ätherisches Pfefferminzöl

10 Tropfen ätherisches Teebaumöl

Das Natronpulver wird mit den ätherischen Ölen beträufelt und gut durchmengt, damit sich die Öle gleichmäßig im Pulver verteilen. Zuerst wird der Teppich gründlich gesaugt, dann streut man das Pulver auf den Teppich und lässt es mindestens eine Stunde einwirken. Dann saugt man das Pulver gründlich mit dem Staubsauger ab und wirft den Staubsaugerbeutel sofort in den Müll. Darin befinden sich nämlich viele tote und vereinzelt noch lebende Flöhe und deren Eier. Selbstverständlich sollte man auch das Haustier, einer Anti-Floh-Behandlung unterziehen.

Antibakterielles Teppichspray

ANTIBAKTERIELLES TEPPICHSPRAY

20 g getrockneter Thymian
300 ml kochendes Wasser
100 ml weißer Essig
50 g Natron
20 Tropfen ätherisches Thymianöl

Der getrocknete Thymian wird in einem passenden Gefäß mit dem kochenden Wasser übergossen. Zugedeckt etwa eine Viertelstunde ziehen lassen, dann in eine Schüssel abseihen, mit dem Essig verrühren, das Natronpulver und schließlich das ätherische Thymianöl einrühren. Wie immer, wenn Natron mit Essig zusammenkommt, schäumt es. Das Gefäß sollte also groß genug sein, um ein Überschäumen zu vermeiden. Nach dem Abkühlen wird das Ganze in eine Sprühflasche abgefüllt.

 Man kann dieses antibakteriell wirksame Spray mit der Sprühflasche auf den Teppich aufsprühen und abtrocknen lassen. Diese Mixtur ist aber auch für Shampooniergeräte geeignet. Je nachdem, wie groß der Tank des Geräts ist, kann man die entsprechende Menge dieses Reinigers herstellen. Man sollte sich bloß an die Mengenverhältnisse der Zutaten halten.

DER HANDEL BIETET EINE BREITE PALETTE VON MITTELN AN, DIE DEN GERUCH EINES RAUMS VERBESSERN. MIT WELCHEN INHALTSSTOFFEN DAS GESCHIEHT, IST JEDOCH MANCHMAL ZWEIFELHAFT. DESHALB KANN MAN AUCH DIESE MITTEL SELBER MACHEN.

Lufterfrischer und Raumsprays

KAPITEL 12

POTPOURRIS .. 188

RAUMSPRAYS .. 194

Lufterfrischer

… in Wohnräumen spielten in früheren Zeiten bereits eine wichtige Rolle. Man konnte mit ihrer Hilfe die oft unangenehmen Gerüche überdecken, die auf schlechte Hygienebedingungen zurückgingen. Heute haben wir zwar meist untadelige hygienische Bedingungen, aber dafür andere Quellen für muffige Gerüche. Wer schon einmal einen Schrank selbst zusammengebaut hat, weiß, wie lange dieses Möbelstück einen penetranten Geruch nach Lösungsmitteln in den Wohnraum abdunstet. Auch Teppichböden, Vorhänge oder frisch mit Farbe gestrichene Wände können toxische Dämpfe von flüchtigen organischen Verbindungen wie etwa Formaldehyd oder Trichlorethylen erzeugen. Wenn der Geruch mit der Zeit schwächer wird, heißt das nur bedingt, dass damit auch die toxische Belastung der Raumluft zurückgeht. Zum Teil tut sie das natürlich, aber oft liegt die Belastung auch unter der Wahrnehmungsschwelle unseres Geruchssinns.

Eine Möglichkeit der Luftreinigung bieten uns die Zimmerpflanzen. Sie stellen quasi eine Luftfilteranlage dar, denn sie nehmen ständig Kohlendioxid und Schadstoffe aus der Luft auf und wandeln sie im Zuge der Photosynthese in Sauerstoff um. Für eine durchschnittlich belastete Wohnumgebung mit älterer Einrichtung mag diese Filterfunktion der Zimmerpflanzen durchaus ausreichen. Man sollte allerdings bedenken, dass Pflanzen für die Ausübung dieser Funktion viel Licht brauchen. Können Sie ihnen das bieten, so haben Sie die Wahl unter einer ganzen Reihe spezieller „Filterpflanzen": Grünlilie (Chlorophytum comosum vittatum), Efeutute (Epipremnum aureum), Birkenfeige (Ficus benjamina), Kolbenfaden (Aglaonema modestum), um nur einige beispielhaft zu nennen. Aber auch, wer die Fensterbank mit Kräutertöpfen und -kistchen vollstellt, hat neben allen anderen Vorteilen und Genüssen, die Kräuter bieten, auch eine bessere Raumluft durch die Filterfunktion der Kräuter. Viele Kräuter verströmen außerdem einen sehr angenehmen Duft, was sie zu einer Art lebendem Lufterfrischer macht.

 Wer den Duft von Kräutern als Raumduft nicht missen möchte, kann traditionelle Potpourris herstellen. Das ist eine Kombination meist getrockneter Kräuter und Blüten, die der Komposition eines harmonischen Dufts dient.

Potpourris

Die Vielzahl duftender Kräuter setzt den Möglichkeiten an Duftkombinationen kaum Grenzen. Man kann seinen individuellen Raumduft kreieren, immer wieder experimentieren und sich in seinem dezent duftenden Wohnumfeld einfach wohlfühlen. Im Gegensatz zu den unzähligen industriell erzeugten Raumsprays und Verdunstern synthetischer Aromaöle sind Potpourris keine zusätzliche Quelle toxischer Luftschadstoffe. Sie verdunsten kein Benzol, Toluol oder Formaldehyd. Sie verursachen Wohlgefühl und nicht, wie die Industrieprodukte, häufig Kopfschmerzen, Asthma oder Allergien. Die ätherischen Öle der getrockneten Kräuter – die durchaus in einzelnen Fällen auch allergen wirken können – kommen in so geringen Mengen in die Raumluft, dass sie auch das Immunsystem sehr empfindlicher Menschen kaum jemals irritieren. Auch ist man bei der Auswahl der getrockneten Kräuter nicht auf jene beschränkt, die im eigenen Garten, auf dem eigenen Balkon oder dem Fensterbrett wachsen. Man kann sich in jeder Kräuterdrogerie um wenig Geld nach Lust, Laune und Geschmack bedienen.

POTPOURRIS AUS GETROCKNETEN KRÄUTERN müssen fixiert werden, um die ätherischen Öle der verschiedenen Kräuter und Blüten über einen längeren Zeitraum hinweg haltbar zu machen. Als Fixativ kann man holzige Pflanzenteile verwenden, wie etwa Kiefernzapfen oder Zedernholzspäne, aber vor allem verwendet man die getrockneten, pulverisierten Rhizome der Schwertlilie, oft „Veilchenwurzel" genannt, auch deshalb, weil dieses Pulver sehr einfach anzuwenden ist. Außerdem sind als Fixativ noch Eichenmoos, Kalmuswurzel, Benzoeharz, Weihrauch, Zimtstangen und Patschuliblätter gebräuchlich.

DAS POTPOURRI SELBST kann man aus den verschiedensten getrockneten Kräutern, Blüten, Blättern, Stängeln, aus pulverisierten oder zumindest fein zerkleinerten Wurzelteilen, aus getrockneten Obstschalen und auch aus Gewürzen wie Ingwer, Muskatnuss oder Gewürznelken zusammenstellen. Die Möglichkeiten sind nur durch Ihren persönlichen Geschmack begrenzt.

ALS ZUSÄTZLICHE DUFTSTOFFE kann man natürlich passende ätherische Öle verwenden. Sie verlängern die Zeit, in welcher das Potpourri seinen Duft verströmt. Natürlich kann man mithilfe der ätherischen Öle auch sehr exotische Duftmischungen herstellen. Wer allerdings Wert auf einen harmonischen, unaufdringlichen Raumduft legt, sollte vor allem ätherische Öle wählen, die den verwendeten Kräutern und Blüten entsprechen.

DIE HERSTELLUNG eines Potpourris ist sehr einfach. Und wenn Sie die getrockneten Kräuter und Blüten nicht aus dem eigenen Garten oder vom eigenen Balkon beziehen können, erhalten Sie diese in jeder gut sortierten Kräuterdrogerie. Getrocknete Blüten bekommt man zudem in vielen Geschäften für Bastelbedarf.

MAN GIBT die getrockneten Kräuter und Blüten in ein Schraubdeckelglas passender Größe, beträufelt sie sparsam mit dem gewählten ätherischen Öl und bestreut sie mit dem Fixativ. Dann verschließt man das Glas, schüttelt es kräftig durch und stellt es an einen vor direktem Sonnenlicht geschützten Platz. Täglich mindestens einmal wird das Glas ausgiebig durchgeschüttelt. Es dauert zumindest vier Wochen, je nach Zutaten auch etwas länger, bis sich der Duft voll entwickelt hat.

WÄHREND DIESER „REIFEZEIT" haben Sie nichts anderes zu tun, als das Glas täglich durchzuschütteln. Dann können Sie den Inhalt des Glases in eine passende kleine Schüssel kippen, diese an einen Ort stellen, der zwar zentral, aber nicht in der Nähe der Heizung liegt und auch nicht direktem Sonnenlicht ausgesetzt ist, und sich über Wochen hinweg am Duft des Potpourris erfreuen.

ES GIBT UNZÄHLIGE REZEPTE für Potpourris. Meist dienen sie aber nur als Anregung für eigene Kreationen. Deswegen sind die folgenden Mischungen beispielhaft. Sie können sie für erste Versuche verwenden, aber auch als Basis, die Sie ganz nach Ihrem Geschmack ausbauen können.

Lufterfrischer und Raumsprays

POTPOURRI SCHRITT FÜR SCHRITT

1. Alles, was man an Zutaten braucht.

2. Die getrockneten Blüten werden locker in ein gut verschließbares Glas geschüttet und mit ätherischem Öl beträufelt.

3. Das Fixativ wird darüber gestreut.

4. Das Glas wird verschlossen und ausgiebig durchgeschüttelt. Dann stellt man es für etwa vier Wochen an einen kühlen Ort. Täglich durchschütteln!

5. Nach der „Reifezeit" ist das Potpourri bereit, den Wohnraum über Wochen hinweg mit seinem Duft zu verwöhnen.

DEZENT ROMANTISCHER DUFT

10 g Rosenblütenblätter, getrocknet
10 g Lavendelblüten, getrocknet
10 g Geranienblätter, getrocknet
10 g Veilchenwurzel, pulverfein gemahlen
5 g Blätter der Zitronenverbene, getrocknet
10 Tropfen ätherisches Vanilleöl
5 Tropfen ätherisches Sandelholzöl

Dieses Potpourri verbreitet einen süßen, romantischen Duft, ohne den Geruchssinn durch Aufdringlichkeit zu reizen. Bei seiner Zusammenstellung sollte man darauf achten, nicht zu viel vom ätherischen Sandelholzöl zu verwenden. In der angegebenen Menge fügt es sich harmonisch in die Duftkomposition ein. Nimmt man zu viel davon, kann es andere Düfte überdecken.

FRÜHLINGSDUFT FÜR WINTERTAGE

10 g Rosmarinblätter, getrocknet
10 g Minzeblätter, getrocknet
5 g Thymianblätter, getrocknet
5 g Gewürznelken im Ganzen
abgeriebene Schale einer Zitrone
abgeriebene Schale einer Orange
10 Tropfen ätherisches Orangenöl

Bei diesem Rezept wirkt die abgeriebene Zitronen- und Orangenschale als Fixativ. Dieses Potpourri verbreitet einen dezenten Duft nach Frühling und kann damit besonders an Spätwintertagen helfen, schwermütige Gefühlslagen in der Hoffnung auf den nahen Frühling leichter zu bewältigen.

BERUHIGENDE DUFTMISCHUNG

10 g Steinkleeblüten, getrocknet

10 g Kamillenblüten, getrocknet

10 g Lavendelblüten, getrocknet

5 g Dillstängel, getrocknet

5 g Blätter der Zitronenmelisse, getrocknet

5 g Veilchenwurzel, getrocknet und fein gemahlen

10 Tropfen ätherisches Kamillenöl

Dieses Potpourri verströmt einen beruhigend wirkenden Duft. Es bietet sich deshalb nicht nur als Duftspender für Wohn- und Schlafzimmer von etwas gereizten oder nervösen Personen an, sondern auch als Füllung für das Duftkissen, auf dem diese schlafen. So trägt es zu einem ruhigen, gesunden Schlaf bei.

RUSTIKALER DUFT NACH ÄPFELN UND KRÄUTERN

5 getrocknete und geviertelte Apfelscheiben

10 g Lavendelblüten, getrocknet

10 g Lorbeerblätter, getrocknet

10 g Salbeiblätter, getrocknet

10 g Ingwerwurzel, getrocknet und fein zermahlen

2 Zimtstangen, in kleine Stücke gebrochen

10 Tropfen ätherisches Lavendelöl

Diese Duftmischung erinnert an einen Spätsommertag auf dem Land. Die getrockneten Apfelscheiben tragen nicht nur ihren Duft zur Mischung bei, sondern wirken auch als Fixativ. Dieses Potpourri macht sich nicht nur als Spender von Raumduft in der Schale gut, sondern auch im Leinensäckchen zwischen den Kleidern im Schrank.

WÜRZIG-FRISCHER ORANGENDUFT

15 g Ringelblumenblüten, getrocknet
10 g Kalmuswurzel, getrocknet und fein gemahlen
abgeriebene Schale von zwei Orangen
3 getrocknete und geviertelte Apfelscheiben
15 Tropfen ätherisches Orangenöl

Diese Mischung ergibt ein würziges Potpourri, dessen Duft nicht nur Wohlbehagen im Wohnraum verbreitet, sondern auch gut für Duftsäckchen geeignet ist. Kalmuswurzel und Apfelscheiben tragen nicht nur ihre Duftnoten zum Potpourri bei, sondern wirken auch als Fixativ.

FRISCHER SOMMERDUFT

10 g Basilikum, getrocknet
10 g Kamille, getrocknet
10 g Majoran, getrocknet
5 g Schafgarbe, getrocknet
5 halbierte Wacholderbeeren
etwas getrocknetes Eichenmoos
abgeriebene Schale einer Orange
5 g getrocknete und fein geriebene
Lilienwurzel als Fixativ
15 Tropfen ätherisches Zedernöl

Der Duft dieses Potpourris erinnert an sommerliche Garten- und Wiesendüfte. Man kann es in eine Schale geben und den Wohnraum damit beduften. Es passt aber auch gut in ein Duftkissen, und man kann es in ein Leinensäckchen einnähen, dieses in den Kleiderschrank hängen und so den Sommerduft auf die Kleider übertragen.

Lufterfrischer und Raumsprays

SINNLICHE DUFTKOMPOSITION

15 g Jasminblüten, getrocknet
15 g Blätter der Zitronenverbene, getrocknet
10 g Ingwerwurzel, im Mörser fein zerrieben
10 g Blätter des Muskatellersalbeis, getrocknet
5 g Kreuzkümmelsamen
3 Tonkabohnen
1 Vanilleschote, in kleine Stückchen geschnitten
20 Tropfen ätherisches Patschuliöl

Diese Duftkomposition mit einer vom Vanilleduft bestimmten Kopfnote verführt zu sinnlichen Träumen. Sie braucht zur Entwicklung ihres vollen Dufts etwa sechs Wochen im verschlossenen Schraubdeckelglas, natürlich mit täglichem ausgiebigem Schütteln.

Die bei den Zutaten angeführten Tonkabohnen bekommt man in Naturkostläden, Drogerien und im Versandhandel. Tonkabohnen sind geschmacklose Hülsenfrüchte mit einem starken vanilleähnlichen Duft. Auch dieses Potpourri ist nicht nur für die Schale, sondern auch für das Duftkissen und das Duftsäckchen im Kleiderschrank geeignet.

Raumsprays
mit kräuterfrischem Duft

Wer sich nicht die Zeit nehmen will, ein Potpourri herzustellen und vier bis sechs Wochen auf die Ausreifung von dessen Duft zu warten, kann als Alternative dazu auch ein sofort wirksames Raumspray selber machen. Vor allem ist das Raumspray aber dafür gedacht, unangenehme Gerüche auf schnelle Weise zu beseitigen. Man braucht dafür nur destilliertes Wasser und eine Kollektion ätherischer Öle nach persönlichen Vorlieben. Destilliertes Wasser ist empfehlenswert, weil nicht auszuschließen ist, dass mineralische Stoffe im Leitungswasser mit manchen ätherischen Ölen reagieren können und so deren Duftpotenzial vermindern.

FÜR EIN RAUMSPRAY vermischt man etwa zehn Tropfen eines ätherischen Öls mit einem Viertelliter Wasser und füllt das Ganze in eine Sprühflasche. Vor jeder Anwendung sollte man die Flasche ausgiebig schütteln. Die ätherischen Öle sollen immer gleichmäßig in der Lösung verteilt sein.

MAN SPRÜHT DIREKT IN DIE LUFT, kann aber auch Vorhänge und Teppiche damit besprühen. Direkt auf die menschliche Haut sollte man diese Lösungen nicht sprühen. Das kann Reizungen hervorrufen, auch wenn man nicht unter einer Allergie gegen eines der enthaltenen ätherischen Öle leidet.

JE NACH GESCHMACK und Bedürfnis kann man die Beseitigung unangenehmer Gerüche mit der Verbreitung von würzigem, romantischem oder beruhigendem Wohlgeruch verbinden. Der Fantasie sind auch hier kaum Grenzen gesetzt. Welche ätherischen Öle Sie zu welcher Duftkomposition vereinen, liegt ganz an Ihnen. Hier einige Beispiele:

WÜRZIG-RUSTIKALER DUFT:
Rose
Geranie
Rosmarin
Orange
Zimt
Ingwer
Vanille
Lorbeer

ERDIG-BERUHIGENDER DUFT:
Bergamotte
Geranie
Patschuli
Thymian
Salbe
Zeder
Weihrauch
Muskatellersalbei
Kamille
Schafgarbe

ROMANTISCHER DUFT:
Vanille
Rose
Neroli
Jasmin
Sandelholz

ANREGENDER + KONZENTRATIONSFÖRDERNDER DUFT:
Basilikum
Rosmarin
Lavendel
Orange
Muskat
Pfefferminze
Limette
Koriander

Hat man frische Rosenblütenblätter oder Lavendelblüten zur Hand, kann man ein besonders feines Raumspray herstellen. Dazu gibt man die frischen Blüten bzw. Blütenblätter in ein Schraubdeckelglas und übergießt sie mit destilliertem Wasser. Das Glas soll bis zum Rand voll sein. Dann verschließt man es und stellt es einen ganzen Tag lang in die pralle Sonne. Am Abend hat sich das Wasser mit den ätherischen Ölen der Blüten vermischt, und es verströmt deren Duft auf eine dezente Weise.

KAPITEL
13

Reinigungsmittel für Metalle

Metalle stellen oft eine Herausforderung dar, wenn es um ihre Reinigung geht. Weiß man allerdings, wie man es richtig angeht, schrumpft diese Herausforderung.

Metalle

… neigen zur Bildung von Flecken, die oft nur sehr schwer zu entfernen sind. Egal, ob es sich um Türklinken aus Messing oder eloxierten Metallen, um Teile von Möbeln, Stehlampen oder das berühmte Tafelsilber handelt – viele unserer Zeitgenossen sind der Meinung, dass man Metalle nur mit den im Handel erhältlichen Metallreinigern fleckenfrei sauber und wie neu glänzend bekommt. Dass das ein unhaltbares Vorurteil ist, können Sie mit selbst gemachten Metallreinigern unter Beweis stellen. Und außerdem auf die Kombination verschiedener starker Säuren verzichten, die auf Dauer nicht nur dem Metall zusetzen, sondern mit ihren Abdunstungen auch das Wohnklima beeinträchtigen.

 Selbst gemachte Metallreiniger erzielen vielleicht nicht gleich auf Anhieb die durchschlagende Wirkung der im Handel erhältlichen. Mit etwas mehr an mechanischer Arbeit lässt sich das aber wettmachen. Und Sie können sicher sein, Ihre Raumluft nicht mit Säuremolekülen zu kontaminieren. Denn was Sie für eine unbedenkliche Form der Metallreinigung brauchen, ist in Ihrer Küche meist schon vorhanden.

CHROM

… ist ein helles, glänzendes und sehr hartes Metall, mit dem viele andere Metalle überzogen werden. Die Oberflächen von Küchengeräten oder Wasserhähnen sind häufig verchromt. Diese sollte man nicht mit Scheuermitteln reinigen, dadurch kann die dünne Chromschicht zerkratzt und porös werden. Sind keine hartnäckigen Verschmutzungen zu entfernen, reicht es meistens, sie mit Essig auf einem weichen Tuch abzureiben und dann mit einem trockenen Tuch zu polieren. Für den Fall, dass hartnäckige Flecken von eingebranntem Fett entfernt werden müssen, gibt man mehrere Tropfen ätherisches Eukalyptusöl auf ein Tuch und reibt damit die Flecken ab. Anschließend wischt man die Stelle mit einem sauberen Tuch trocken.

ALUMINIUM

… bildet den größten Metallanteil in der Erdkruste. Weil es meist als Silikatverbindung vorkommt und die Gewinnung daraus sehr aufwendig ist, wird es meist aus Bauxit ausgeschmolzen. Blanke Aluminiumoberflächen bilden bei Kontakt mit Luft sehr rasch eine Oxidschicht. Diese schützt das Metall vor Korrosion. Aluminium läuft nicht an, reagiert aber sehr leicht mit bestimmten Substanzen. Deshalb sollte man es keinesfalls mit selbst gemachten Mitteln reinigen, die Natron oder Soda enthalten. Flecken auf Aluminiumflächen kann man aber sehr einfach mit einem der folgenden Reinigungsmittel entfernen.

BACKPULVER-ZITRUS-PASTE

Man rührt aus einer halben Tasse weißem Essig, drei Esslöffeln Weinsteinbackpulver und einigen Tropfen ätherischem Zitrusöl eine glatte Paste. Diese streicht man auf die zu reinigende Aluminiumfläche, lässt sie kurz einwirken, reibt die Fläche mit einem Tuch sauber und wischt mit einem nassen Lappen gründlich nach.

STÄRKE-ALAUN-PASTE

Man verrührt zwei Esslöffel Maisstärke, zwei Esslöffel Alaunpulver und fünf Tropfen ätherisches Zitrusöl unter löffelweiser Zugabe von warmem Wasser zu einer glatten Paste. Mit dieser reibt man die Aluminiumfläche so lange ab, bis sie sauber ist. Dann wischt man die Paste mit ausreichend Wasser ab und die Fläche trocken.

ESSIG-ZITRUS-SPÜLMITTEL

Für Geschirr aus Aluminium bietet sich dieses spezielle Spülmittel an. Man vermischt einen Viertelliter Wasser mit einem Achtelliter weißem Essig und zehn Tropfen ätherischem Zitrusöl. Man weicht das Aluminiumgeschirr in wenig Wasser ein, gibt diese Mixtur dazu und füllt mit Wasser auf, bis das Geschirr völlig bedeckt ist. Etwa eine Stunde einwirken lassen, dann sauber spülen und abtrocknen.

MESSING

… ist eine Legierung aus Kupfer und Zink. Wie bei Kupfer werden auch Ziergegenstände aus Messing meist mit einem farblosen Lack überzogen, um sie vor Korrosion zu schützen. In diesem Fall reicht es, die Sachen abzustauben und hin und wieder feucht abzuwischen. Ältere Messinggegenstände haben diese Schutzschicht nicht und zeigen das auch, indem sie im Lauf der Zeit eine grünliche Färbung annehmen. Wollen Sie diese Patina nicht aus ästhetischer Sicht betrachten, sondern loswerden und sich an glänzendem Messing erfreuen, gibt es einige unbedenkliche Mittel, um das zu erreichen.

SALZPASTE

Man verrührt zwei Esslöffel Salz und einige Tropfen ätherisches Zitrusöl in einer Tasse Essig und gibt so viel Mehl dazu, dass eine dicke Paste entsteht. Diese trägt man auf die Messingfläche auf und verreibt sie mit einem trockenen Schwamm. Man lässt die Paste durchtrocknen und spült sie dann mit warmem Wasser ab. Anschließend reibt man die Fläche trocken und poliert sie mit einem weichen Tuch.

MILCHBAD

… enthält Milchsäure, und das ist ein bewährtes Lösungsmittel für Flecken auf Messing. Man mischt die Milch zu gleichen Teilen mit Wasser und legt die Messinggegenstände für mehrere Stunden in dieses Bad. Dann spült man sie gut ab, wischt sie trocken und poliert mit einem weichen Tuch nach.

WEINSTEINPASTE

Man verrührt drei Esslöffel Weinsteinbackpulver in einer halben Tasse Zitronensaft und reibt die so erhaltene Paste in kleinen, kreisenden Bewegungen auf den fleckigen Messinggegenstand. Nach dem völligen Antrocknen spült man die Paste mit Wasser ab und poliert das Teil trocken.

SILBER

… kommt vor allem als Tafelsilber im Haushalt vor. In vielen Romanen sind die Hausangestellten vorwiegend damit beschäftigt, das Tafelsilber zu polieren. Wer zwar Tafelsilber hat, aber keine Bediensteten, muss sich dieser Tätigkeit wohl selbst widmen. Tut man das, sollte man dabei keine Gummihandschuhe tragen. Denn Silber reagiert mit Gummi, es läuft sehr schnell an und kann sogar korrodieren. Auch ist es keine gute Idee, Silberbesteck mit Gummibändern zusammenzubinden oder in einer mit Gummi ausgekleideten Schatulle aufzubewahren. Sehr saure Speisen setzen dem Silber ebenfalls zu. Essig, Salz, Oliven, Eier oder Fruchtsalate sollte man sich deshalb besser mit einem anderen Besteck einverleiben. Ist das Silber angelaufen, kann man es mit einem einfachen, aber wirkungsvollen Mittel wieder zum Glänzen bringen. Man legt das Silberbesteck in eine mit Wasser gefüllte Schüssel und gibt drei Esslöffel Weinsteinbackpulver und einige Streifen Alufolie dazu. In der Schüssel läuft dann eine chemische Reaktion ab, die sich unter Umständen bei stark angelaufenem Silber auch durch ihren Geruch bemerkbar macht. Es wird nämlich Schwefelwasserstoff freigesetzt, und dieser riecht eben nach faulen Eiern. Das ist in dieser Konzentration zwar nicht gesundheitsschädlich, aber das Küchenfenster sollte man trotzdem öffnen. Nach mindestens einer Stunde gießt man dann das „Badewasser ab" und entsorgt die Alustreifen. Das nun wieder glänzende Silberbesteck wird mit Wasser gründlich gespült und anschließend sorgfältig getrocknet.

❀ **Kann man das Silberbesteck nicht sofort nach Gebrauch abwaschen, sollte man zumindest die Speisereste vollständig entfernen. Und Silberbesteck, das nicht gebraucht wird, sollte man am besten in ein sauberes Flanelltuch einrollen.**

GUSSEISEN

… ist wegen seiner thermischen Eigenschaften ein beliebtes Material für Bratpfannen. Es hat allerdings den Nachteil, dass es rostet, wenn man es nicht absolut trocken hält. Zur regelmäßigen Pflege von Gusseisenpfannen gehört es, sie mit Öl einzureiben. Dieses bildet eine Schutzschicht gegen die Oxidation. Eine neue Gusseisenpfanne sollte man zunächst mit einem Topflappen aus feiner Stahlwolle und etwas Seifenwasser abreiben, dann sofort sorgfältig trocknen und an der Innenseite mit einer dünnen Schicht eines Pflanzenöls versehen. Dann stellt man die Pfanne für etwa zwei Stunden in den auf 120 °C vorgeheizten Backofen. Danach lässt man sie abkühlen, wischt sie feucht aus und trocknet sie sorgfältig. Diese Behandlung verleiht der Gusseisenpfanne eine gute Schutzschicht.

 Gusseisenpfannen sollten sofort nach jedem Gebrauch gereinigt werden. Nach dem Abwaschen werden sie eingeölt, vor dem neuerlichen Gebrauch wischt man die Fettschicht mit einem Küchentuch ab. Haben sich Speisereste in das Gusseisen eingebrannt, muss man diese natürlich mit einem Topflappen wegscheuern und anschließend mit einem seifigen Spülmittel abwaschen. Nach dem Scheuern hat die Pfanne aber ihre Schutzschicht verloren, sodass man den vorher beschriebenen Vorgang mit Einölen und zwei Stunden im Backofen wiederholen muss.

KUPFER

… ist ein sehr dekoratives Material. Weil es auch sehr anfällig für Oxidation ist, sind Gebrauchsgegenstände aus Kupfer meist mit einer dünnen Schicht farblosen Lacks überzogen. Diese sollte man nicht polieren, weil man damit die Lackschicht abreiben könnte. Man braucht sie nur hin und wieder feucht abzuwischen. Anders sieht die Sache bei Kochgeschirr aus Kupfer aus. Oft haben auch Edelstahltöpfe einen Boden aus Kupfer, weil er die Hitze gleichmäßig verteilt. Egal ob ganz aus Kupfer oder nur ein Kupferboden – der Einsatz von Scheuermitteln oder Topflappen aus Stahlwolle erzeugt hässliche Kratzer auf der Kupferoberfläche! Es soll immer nur ein weicher Küchenschwamm oder ein weicher Lappen für die Reinigung verwendet werden.

Läuft das Kupfer mit der Zeit an, kann man es mit einer Polierpaste aus je einem Teil Salz, Mehl und Essig sauberpolieren. Für das regelmäßige Polieren von Kupfergeschirr gibt es einige altbewährte Hausmittel. So kann man eine Zitronenhälfte mit Salz bestreuen und damit die Kupferflächen abreiben. Anschließend mit Wasser abwaschen, trocken polieren und das Kupfer glänzt wie neu.

❋ **Oder diese Polierpaste für Kupfer:** Man vermischt eine Tasse Ketchup mit drei Esslöffeln Weinsteinbackpulver, streicht diese Paste auf die Kupferflächen und lässt sie etwa eine Stunde einwirken. Dann wäscht man das Kupferteil in Seifenwasser und trocknet es sorgfältig ab.

ROST

… ist das Oxidationsprodukt von Eisen. Der beste Schutz dagegen ist, Eisenoberflächen zu lackieren oder, wenn das aus thermischen Gründen beim Gebrauch des Gegenstands nicht sinnvoll ist, mit einer Ölschicht zu überziehen. Tritt Rost trotzdem auf, kann man ihn mit Phosphorsäure oder Oxalsäure lösen. Rostlöser, die diese Säuren enthalten, muss man nicht teuer kaufen. Frischer Rhabarber oder, so ihn die Jahreszeit nicht anbietet, gewöhnliche Cola tun es genauso.

❋ **Frischer Rhabarber** enthält je 100 g Pflanzengewicht einen Anteil von 460 mg Oxalsäure. Man reibt mit der Schnittstelle des Rhabarberstängels über die rostige Stelle und kann regelrecht zusehen, wie sich der Rost löst. Bei stärker verrosteten Stellen kann man den frischen Rhabarber pürieren und den Brei auf den Rost auftragen.

❋ **Cola** enthält bis zu 15 Prozent Phosphate, zum Großteil in Form von Orthophosphorsäure. Ist der angerostete Gegenstand nicht zu groß, kann man ihn in eine Schüssel legen und mit Cola übergießen. In diesem Bad lässt man ihn einige Stunden. Anschließend kann man den Rost meist einfach abbürsten.

Autopflege

AUTOWÄSCHE ... 204

SCHEIBENREINIGER ... 205

ZWEIPHASENBIOAUTOWACHS ... 206

POLSTER UND LEDERPOLSTERREINIGUNG ... 207

ARMATURENPFLEGE ... 209

TEPPICHBODEN- UND MATTENREINIGER ... 210

LUFTERFRISCHER ... 210

KAPITEL 14

> DAS AUTO IST EIN RAUM, IN DEM MAN VIEL ZEIT VERBRINGT. DESHALB SOLL ES EIN RAUM SEIN, DER UNSER WOHLBEFINDEN NICHT DURCH CHEMISCHE GERÜCHE BEEINTRÄCHTIGT.

Autowäsche

…, die nicht regelmäßig in der Waschbox einer Tankstelle, sondern in der eigenen Einfahrt mit dem Gartenschlauch erledigt wird, kann auch mit selbst gemachten Reinigungsmitteln durchgeführt werden. Und selbstverständlich sind alle angeführten Rezepte nicht nur für das Auto geeignet, sondern auch für Boote oder Wohnmobile. Wobei sich bei Letzteren ohnehin der Kreis zu den Haushaltsreinigern schließt.

SEIFENWÄSCHE FÜR DAS AUTO

4 l Wasser
0,5 l Flüssigseife
15 Tropfen ätherisches Zitrusöl

Man füllt das Wasser in einen Eimer und verrührt darin zuerst die Flüssigseife und anschließend das ätherische Öl. Das Auto wird von oben nach unten abschnittsweise damit gewaschen und jeder Abschnitt gründlich mit Wasser nachgespült. So vermeidet man, dass sich Schlieren von Seifenrückständen auf dem Lack bilden.

AUTOWASCHMITTEL FÜR STARKE VERSCHMUTZUNG

4 l Wasser
200 ml Zitronensaft
100 g Natron
10 Tropfen ätherisches Eukalyptusöl

Das Natronpulver kommt in den Eimer mit dem Wasser und wird durch Rühren vollständig aufgelöst. Dann rührt man den Zitronensaft und schließlich das ätherische Eukalyptusöl unter.

 Das Auto wird zuerst mit dem Schlauch abgespritzt, um groben Schmutz zu entfernen. Dann wäscht man es mit einem weichen Schwamm in Abschnitten von oben nach unten. Also zuerst das Dach, dann die Motorhaube, dann die Seiten. Jeder Abschnitt wird gründlich abgespült, bevor man sich an den nächsten macht.

WASCHMITTEL FÜR REIFEN

2 l Wasser
150 g Natron
250 ml weißer Essig

Wasser und Essig werden in einem Eimer vermischt, dann rührt man das Natronpulver unter und rührt weiter, bis es sich vollständig aufgelöst hat. Dieses Waschmittel trägt man mit einem Schwamm oder einer Bürste mit festen Borsten auf die Reifen auf und bürstet sie nass gut ab. Danach wird der Reifen gründlich mit Wasser abgespült. Eine so gründliche Reifenreinigung ist zumindest nach dem Wechsel von Winter- auf Sommerreifen – oder umgekehrt – angebracht.

Scheibenreiniger

SEIFIGER SCHEIBENREINIGER

100 ml Flüssigseife
100 g Natron
250 ml Wasser
10 Tropfen ätherisches Eukalyptusöl

Wasser und Flüssigseife werden in einem passenden Gefäß miteinander verrührt. Dann rührt man das Natronpulver unter und das Ganze so lange gut durch, bis Seife und Natron vollständig im Wasser gelöst sind. Schließlich wird das ätherische Eukalyptusöl untergerührt.

❀ Dieser Scheibenreiniger beseitigt nicht nur Schmutz und Insektenreste von der Windschutzscheibe und den anderen Fenstern, sondern auch vom Scheinwerferglas. Man trägt den Reiniger mit einem Schwamm auf, bis die Scheibe tropfnass ist, lässt ihn etwas einwirken und wischt dann mit dem Schwamm den Schmutz ab. Mit viel Wasser nachwischen und die restliche Nässe mit einem Wischer mit Gummilippe abziehen.

Autopflege

SCHEIBENREINIGER FÜR DEN WINTER

250 ml weißer Essig

100 ml Wasser

20 Tropfen ätherisches Zitrusöl

Alle Zutaten werden gut miteinander vermischt und in eine Sprühflasche gefüllt. Damit sprüht man den Reiniger auf die Scheiben, wischt sie mit einem mit dem Reiniger befeuchteten Tuch sauber und zieht die restliche Nässe mit einem Gummiwischer ab. Dieses Reinigungsmittel bietet neben ungetrübtem Durchblick auch den Vorteil, dass es im Winter die Reifbildung an den Autofenstern vermindert.

Autowachs

ZWEIPHASENBIOAUTOWACHS

WACHS

50 g Bienenwachs in Plättchen

50 g Karnaubawachs in Plättchen

100 ml Leinöl

10 Tropfen ätherisches Zitrusöl

POLIERMITTEL

50 ml Zitronensaft

Bienenwachs, Karnaubawachs und Leinöl kommen in ein feuerfestes Glas. Dieses stellt man in ein Wasserbad und erwärmt das Ganze unter öfterem Umrühren, bis eine gleichmäßige Wachsschmelze entstanden ist. Dann fügt man das ätherische Zitrusöl bei, rührt noch einmal ausgiebig um und nimmt das Glas mit der Wachsschmelze aus dem Wasserbad. Die Schmelze gießt man sofort in eine saubere Blechdose (Kaffeedose ist ideal), und weil die Dose heiß wird, sollte man Handschuhe oder Topflappen nicht vergessen.

 Die Blechdose mit der Wachsschmelze stellt man unverschlossen an einen kühlen und staubfreien Ort. Im Verlauf von zwei bis drei Tagen härtet das Wachs aus. Man kann es dann durch Klopfen auf die umgedrehte Dose leicht aus dieser lösen. Das zuvor gereinigte Auto wird mit diesem Wachsbrocken eingerieben. Etwas einwirken lassen, dann ein sauberes weiches Tuch in den frisch gepressten und gefilterten Zitronensaft tauchen, gut ausdrücken und das gewachste Auto damit polieren. Abschließend poliert man es mit einem sauberen Tuch auf Hochglanz.

Polster- und Lederpolsterreinigung

VINYLPOLSTERREINIGER

- 250 ml heißes Wasser
- 100 g Natron
- 15 Tropfen ätherisches Zedernöl

Das Natronpulver wird im heißen Wasser durch Rühren vollständig aufgelöst. Dann rührt man das ätherische Zedernöl unter. Zuerst werden die Autositze mit dem Staubsauger gereinigt. Man sollte dabei Ritzen und den Bereich zwischen den Sitzen nicht übersehen. Dann befeuchtet man ein weiches Tuch mit dem Reiniger und reibt die Sitze damit von oben nach unten ab. Schließlich wischt man sie mit einem sauberen Tuch trocken.

STOFFPOLSTERREINIGUNG MIT SEIFENKRAUT

50 g getrocknete und zerkleinerte Seifenkrautwurzel oder -stängel

250 ml Wasser

Seifenkrautwurzel sollte vor dem Aufbrühen mehrere Stunden lang in etwa einem halben Liter Wasser eingeweicht werden. Die getrockneten Stängel kann man sofort aufbrühen. Zum Aufbrühen übergießt man die Seifenkrautteile mit 250 ml kochendem Wasser und stellt den Topf sofort auf die Herdplatte, damit der Sud noch etwa eine Minute kocht. Dann dreht man die Hitze zurück und lässt das Ganze noch etwa 20 Minuten unter häufigem Umrühren sanft weiterköcheln. Nun nimmt man den Topf vom Herd und lässt den Absud so lange ziehen, bis er abgekühlt ist. Anschließend wird er abgeseiht, und er steht für die Reinigung von Textilpolstern zur Verfügung.

 Man taucht eine Bürste mit sehr weichen Borsten in den Absud und reibt diesen von oben nach unten in die Stoffsitze ein. Mit einem trockenen Tuch wischt man nach und lässt die Sitze an der Luft trocknen.

LEDERPOLSTERREINIGER

100 g Seifenflocken

150 ml heißes Wasser

10 Tropfen ätherisches Rosmarinöl

Die Seifenflocken werden im heißen Wasser durch ausgiebiges Rühren vollständig aufgelöst. Dann rührt man das ätherische Rosmarinöl unter. Nach dem Absaugen der Lederpolster trägt man diesen Reiniger mit einer weichen Bürste in behutsamen Bewegungen von oben nach unten auf die Ledersitze auf. Dann wischt man mit einem nassen Tuch nach und poliert die Lederteile mit einem sauberen Tuch trocken. Dieses Reinigungsmittel schont das Leder und entfernt trotzdem alle Verschmutzungen. Anschließend an die Reinigung sollte man das Leder mit dem folgenden Lederspray nachbehandeln.

LEDERPFLEGESPRAY

100 ml Olivenöl

100 ml Rosmarin-Absud

50 ml weißer Essig

5 Tropfen ätherisches Rosmarinöl

Etwa 10 g getrockneter Rosmarin wird mit etwas mehr als 100 ml kochendem Wasser übergossen. Eine gute Viertelstunde ziehen lassen und diesen kräftigen Absud dann abseihen. Mit Olivenöl, Essig und schließlich dem ätherischen Rosmarinöl gut vermengen und nach dem Abkühlen in eine Sprühflasche füllen. Die Ledersitze werden mit diesem Mittel leicht eingesprüht und mit einem weichen, trockenen Tuch auf Hochglanz poliert. Die Mischung aus Olivenöl und Rosmarin sorgt dafür, dass das Leder immer weich bleibt und auch in höherem Alter nicht porös wird.

Armaturenpflege

ARMATURENBRETT-SCHNELLREINIGER

50 ml flüssige Kernseife oder kastilische Flüssigseife

150 ml heißes Wasser

15 Tropfen ätherisches Rosmarinöl

Die Flüssigseife wird im heißen Wasser durch Rühren vollständig aufgelöst. Dann rührt man das ätherische Rosmarinöl unter und füllt den Reiniger in eine Sprühflasche. Der Reiniger wird auf das Armaturenbrett gesprüht, und dieses wird dann mit einem trockenen Tuch sauber gerieben.

❋ **Dieser Reiniger hat den Vorteil, dass er für Kunststoffe genauso geeignet ist wie für Textilien und Leder. Sollte das Armaturenbrett Lederteile aufweisen, ist es empfehlenswert, diese mit dem vorher angeführten Lederpflegespray nachzubehandeln.**

Teppichboden- und Mattenreiniger

REINIGER FÜR TEPPICHBODEN UND MATTEN

2 l Wasser

150 ml flüssige Kernseife oder kastilische Flüssigseife

15 Tropfen ätherisches Rosmarin- oder Pfefferminzöl

Die Flüssigseife wird im Wasser verrührt, bis sie sich vollständig darin aufgelöst hat. Dann rührt man das ätherische Öl unter. Zuerst wird der Bodenraum des Autos sorgfältig mit dem Staubsauger gereinigt, um losen Schmutz zu entfernen. Dann werden die Bodenmatten gereinigt, indem man eine Bürste in die Seifenlösung taucht und die Matten damit abschrubbt. Anschließend spritzt man sie mit dem Schlauch ab und lässt sie an der Luft trocknen. Die Bodenteppiche des Autos werden ebenfalls mit einer in die Seifenlösung getauchten Bürste geschrubbt. Danach wischt man sie mit einem Tuch sauber und lässt sie gut trocknen. Die Teppiche werden mit diesem Reiniger nicht nur sauber, sondern riechen auch angenehm frisch.

Lufterfrischer

LUFTERFRISCHER FÜR DAS AUTO

200 ml destilliertes Wasser, 50 ml weißer Essig

10 Tropfen ätherisches Lavendelöl, 10 Tropfen ätherisches Orangenöl

Destilliertes Wasser und Essig werden vermengt, dann die ätherischen Öle untergerührt und das Ganze in eine Sprühflasche gefüllt. Sobald der Innenraum des Autos zu muffeln beginnt – meist nach einem Regentag oder wenn sich häufig ein vierpfotiger Hausgenosse auf der Rückbank breit macht –, sprüht man Polster und Bodenbelag aus etwa 20 Zentimetern Entfernung sparsam mit diesem Spray ein. Nach dem Besprühen sollte das Auto gut durchlüftet werden. Ja, und der Hund sollte nicht gleich wieder ins Auto springen, weil die frischen ätherischen Öle seine Nase und seine Pfoten reizen könnten!

> MAN MUSS SEIFE NICHT UNBEDINGT SELBST SIEDEN,
> WENN MAN SEIFE SELBER MACHEN WILL.
> DAFÜR KANN MAN AUCH SEIFENFLOCKEN VERWENDEN.
> ABER WENN SIE ES AUS FREUDE AN DER SACHE
> PROBIEREN WOLLEN, FINDEN SIE HIER EINEN
> THEORETISCHEN UNTERBAU, EINE PRAKTISCHE
> ANLEITUNG UND MUSTERREZEPTE.

Seife selber sieden

GRUNDSTOFFE UND UTENSILIEN ZUR SEIFENSIEDEREI .. 212

BLÜTENSEIFEN SELBER MACHEN .. 216

SEIFE AUS SEIFENFLOCKENTEIG .. 222

KAPITEL 15

Seife

... ist die erste Wahl, wenn es um die Entfernung von Schmutz geht, der Öle und Fette enthält. Ohne Seife ist das Wasser nämlich nicht in der Lage, fettlösliche Verunreinigungen zu entfernen. Fette sind nämlich sehr wasserscheu. Sie trennen sich selbst dann, wenn man sie fein verrührt hat, sofort wieder vom Wasser. Damit das Wasser den fetthaltigen Schmutz lösen kann, braucht es eine Art Emulgator. Und zwar einen, der so richtig an das Fett rangeht. Also Seife.

Eine Vorform der Seife kannten die Menschen schon vor 5000 Jahren. Auf den Keilschrifttafeln der Sumerer findet sich auch eine Art Rezept für etwas, das unserer heutigen Schmierseife sehr nahe kommt. Und schon wenig später verewigten die Ägypter auf Papyrus die ersten echten Seifenrezepte. Wesentliche Bestandteile der altägyptischen Seifen waren verschiedene Fette oder Öle und die Asche bestimmter Pflanzen. Daraus wurde die Seife gekocht. In den römischen Thermen erhielten die Besucher für ihr Eintrittsgeld auch ein Stück Seife, hergestellt aus Ziegenfett und Holzasche. Diese sogenannten „Mattischen Bälle" hatten ihren Namen nach der Stadt Mattium, einem Zentrum der römischen Seifenerzeugung, und sie dürften ein ziemlich aggressives und nur bescheiden duftendes Reinigungsmittel gewesen sein. Dass diese Seife recht unfreundlich zur Haut war, störte die Römer nicht. Nach der Reinigung ölten sie ihre Körper ein, eine nachhaltige Art und Weise der Rückfettung.

Die Asche, mit deren Hilfe das Fett zur Seife wurde, enthält Soda. Es bildet Kristalle und, wenn es in Wasser aufgelöst wird, Natronlauge. Denn Soda heißt im chemischen Fachjargon Natriumcarbonat. Die Natronlauge wiederum bildet mit Ölen und Fetten, auch mit öligem und fettigem Schmutz, Seifen. Seifen sind also Salze, die aus der Verbindung von Natronlauge und Fettsäuren entstehen. Und diese Salze, die Seifen, lassen sich vom Wasser lösen und wegspülen.

Das altägyptische Prinzip der Seifenherstellung hat sich mit geringfügigen Abwandlungen bis heute gehalten. Anstelle von Soda aus den Pflanzenaschen verwendet man heute gleich die Natronlauge. Und darin liegt auch die Gefahr, die mit der Selbstherstellung von Seife verbunden ist: Einerseits können bei nicht genauester Berechnung der Zutatenmenge Reste der Natronlauge in der Seife zurückbleiben. Das tut der Haut ganz und gar nicht gut. Und andererseits erwärmt sich das Natriumhydroxid bei der Auflösung in Wasser von selbst auf über 80 °C und kann unter Umständen sogar von selbst zu kochen, zu schäumen und zu spritzen beginnen. Spritzer kochender Natronlauge auf die Haut oder gar ins Auge zu bekommen ist die Art von Haushaltsunfällen, die man unbedingt vermeiden sollte.

Weil das Seifensieden also keine ungefährliche Sache ist, sollen hier zuerst einmal die notwendigen Vorsichtsmaßnahmen aufgeführt werden. Unbedingt nötig sind eine Schutzbrille und Gummihandschuhe. Eine Kittelschürze oder ein Arbeitsmantel ist empfehlenswert, idealerweise mit anliegenden Ärmeln, welche die Haut an den Armen schützen. Geschlossene Schuhe bewahren die Haut an den Füßen vor Verletzungen durch Spritzer, die auf dem Boden landen. Diese Schutzkleidung sollte man anziehen, noch bevor man mit dem Abwiegen von Lauge und Fetten oder Ölen beginnt.

Seife selber sieden

Bei der Lösung der Natronlauge in Wasser entstehen Dämpfe, die man auf keinen Fall einatmen sollte. Beim Anrühren der Lauge ist eine sehr gute Durchlüftung des Raums unbedingt nötig. Beim Umgang mit der Natronlauge sollte man folgende Regeln unbedingt und genau befolgen:

DAS NATRIUMHYDROXID wird immer in das Wasser gegeben, niemals das Wasser über das Natriumhydroxid gegossen!

GIBT MAN DIE NATRONLAUGE dem geschmolzenen Fett oder erwärmten Öl bei, sollte man sie langsam und vorsichtig durch ein Sieb in die Fettschmelze gießen. So kann man nicht im Wasser aufgelöste Natronplättchen herausfiltern.

WEIL DER PH-WERT DER NATRONLAUGE durch Essig neutralisiert werden kann, sollte immer eine Flasche Essig für Notfälle bereitstehen. Sollten trotz aller Vorsichtsmaßnahmen Spritzer der Natronlauge auf Ihre Haut oder gar in die Augen gelangen, sofort mit viel Wasser aus- bzw. abspülen! Besonders bei Spritzern in die Augen müssen Sie sofort zum Arzt.

SPRITZER auf Arbeitsflächen kann man mit Küchenkrepp und Essig wegwischen. Man gießt in diesem Fall zuerst ausreichend Essig auf den Laugenfleck und wischt das Ganze dann mit dem Küchenkrepp ab.

NATRONLAUGE darf nicht mit Aluminium oder Gusseisen in Berührung kommen. Diese Materialien sind bei der Seifenherstellung ein absolutes Tabu. Alle Behältnisse sollten aus Edelstahl, Glas oder Emaille sein, eventuell tut es auch hitzebeständiger und laugenfester Kunststoff.

WENN SIE IHRE SEIFE nicht nach einem genauen Rezept herstellen, verwenden Sie einen Seifenrechner (http://www.naturseife.com/Seifenrechner oder http://tuula-seifen.de/seifenrechner.php), um die für die gewählten Fette oder Öle und deren Menge genau passende Menge Natronlauge zu berechnen.

FETTE UND ÖLE haben eine Verseifungszahl. Sie ist für das Gelingen einer Seife von maßgeblicher Bedeutung. Mit ihrer Hilfe kann man die Überfettung einer Seife berechnen und ausschließen, dass unverseifte Lauge in der Seife zurückbleibt. Um eine minimale Überfettung der Seife zu erreichen, muss immer etwas mehr an Fetten vorhanden sein, als die Lauge verseifen kann. Auf diese Weise ist man immer auf der sicheren Seite. Kokosfett beispielsweise hat die Verseifungszahl 0,183. Will man 10 g Kokosfett verseifen, so ergibt sich

$$100 \times 0{,}183 = 18{,}3$$

Man braucht also 18,3 Gramm Natronlauge (im festen Zustand, vor der Auflösung im Wasser), um 10 g Kokosfett vollständig zu verseifen.

Was die Menge des Wassers für das Auflösen des Natriumhydroxids betrifft, kann man sich an eine alte Seifensieder-Faustregel halten: Ein Drittel der Fettmenge wird als Wassermenge für die Lauge benötigt. Will man also 90 g Fett verseifen, braucht man für die Auflösung der errechneten Menge Natriumhydroxid 30 g Wasser. Und wie schon vorher gesagt: Es kommt immer das Natriumhydroxid in das Wasser, niemals umgekehrt!

Natronlauge für die Seifenherstellung sollte man möglichst in einer Drogerie oder bei entsprechenden Versandhändlern kaufen. Sie soll möglichst rein sein – üblich ist 98 Prozent reines Natriumhydroxid – und keinerlei Zusätze enthalten. Diesen Umstand zu erwähnen ist wichtig, weil Natriumhydroxid oft auch in Baumärkten als Rohrreiniger angeboten wird.

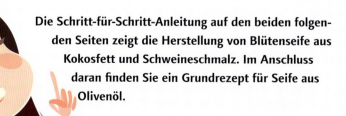

Die Schritt-für-Schritt-Anleitung auf den beiden folgenden Seiten zeigt die Herstellung von Blütenseife aus Kokosfett und Schweineschmalz. Im Anschluss daran finden Sie ein Grundrezept für Seife aus Olivenöl.

Blütenseifen selber machen

DIE KALKVERSEIFUNG - SCHRITT FÜR SCHRITT

1. Die Zutaten: Fett (Kokosfett und Schweineschmalz), Wasser, Natriumhydroxid, getrocknete Blüten, ätherisches Öl.

2. Die Zutaten genau abwiegen!

3. Das Natriumhydroxid wird langsam und vorsichtig in das Wasser eingerührt.

4. Gut durchrühren.

5. Fett im Wasserbad schmelzen.

6. Die Natronlauge langsam und vorsichtig zum geschmolzenen Fett gießen.

7. Lauge und Fett sorgfältig verrühren.

8. Getrocknete Blüten unterrühren.

9. Ätherisches Öl unterrühren.

10. Den fertigen Seifenleim in die Formen gießen. Sobald die Seife fest geworden ist, kann man sie aus der Form nehmen und …

11. … zum Nachreifen für etwa 8 Wochen an einem kühlen Ort aufbewahren.

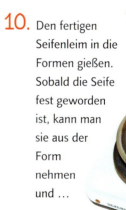

Seife selber sieden

Geräte und Materialien
für die Seifensiederei

Auch wenn Sie alle benötigten Geräte bereits in Ihrer Küche haben, sollten Sie zumindest jene, die direkt mit der Natronlauge in Berührung kommen, nur für die Seifenherstellung verwenden. So vermeiden Sie, dass Laugenreste in ein Nahrungsmittel gelangen könnten. Auf jeden Fall brauchen Sie einen großen Topf aus Edelstahl oder Emaille (keinesfalls Aluminium!), einen Rührstab (am besten aus Glas), einige Messbecher und eine grammgenaue Waage (am besten eine Digitalwaage). Falls Sie mehrere verschiedene Fette und Öle zu Seife machen wollen, brauchen Sie einen Stabmixer oder Pürierstab, um die Öle bzw. Fette während des Schmelzens gut miteinander zu vermengen. Für das Abfüllen der Seife brauchen Sie Seifenformen, entweder günstig gekauft in einem Bastelgeschäft oder selbst aus Joghurtbechern, Margarineschalen oder ähnlichen Lebensmittelverpackungen zurechtgeschnitten. Ein Teigschaber ist nützlich, um alle Seifenreste aus dem Topf in die Formen zu bringen.

Die Materialien für die Herstellung einer Seife sind Fette oder Öle und Natriumlauge. Mehr ist nicht nötig. Grundsätzlich kann man jedes Fett verwenden, sogar altes Motoröl oder Frittierfett. Weil man für solche Fette aber kaum die genaue Zusammensetzung und deshalb auch nicht die Verseifungszahl ermitteln kann, sollte man besser die Finger davon lassen. Natürlich sollen Öle und Fette für die Seifenherstellung kostengünstig zu bekommen sein. Man muss aber deswegen nicht auf Qualität verzichten. Im Folgenden sind einige Fette und Öle aufgezählt, die bevorzugt für die Seifenherstellung in der eigenen Küche verwendet werden.

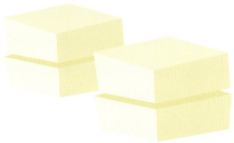

KOKOSFETT (Verseifungszahl 0,183) liefert eine harte Seife mit einem instabilen Schaum. Man sollte es nur zu höchstens 30 Prozent in einer Fettmischung verwenden.

OLIVENÖL (Verseifungszahl 0,135) ist jenes Öl, aus dem seit Jahrhunderten die bekannte Alepposeife hergestellt wird. Es ergibt eine milde Seife, ohne weitere Fette als Zugabe braucht sie allerdings sehr lange, um fest zu werden.

RAPSÖL (Verseifungszahl 0,135) ist ein sehr kostengünstiges und trotzdem hochwertiges heimisches Öl, das eine milde Seife für empfindliche Haut liefert. Allerdings bildet eine reine Rapsölseife sehr wenig Schaum.

SONNENBLUMENÖL (Verseifungszahl 0,135) ist preisgünstig und ergibt eine weiche Seife, die allerdings keinen üppigen Schaum bildet. Man sollte ihm deshalb einen bestimmten Anteil eines stark schäumenden Fettes, etwa Kokosfett, beimengen.

DISTELÖL (Verseifungszahl 0,136) ist ein hautpflegendes Öl mit einem hohen Gehalt an ungesättigten Fettsäuren. Distelöl allein ergibt jedoch eine sehr weiche Seife und sollte deshalb mit festen Fetten kombiniert werden.

KÜRBISKERNÖL (Verseifungszahl 0,135) ist ziemlich teuer, hat aber einen angenehm nussigen Eigengeruch, der auch der Seife erhalten bleibt. Es ergibt eine milde, pflegende Seife von fester Konsistenz.

LEINÖL (Verseifungszahl 0,134) macht die Seife sehr weich und ergibt nur wenig Schaum. Für sich allein führt es zu keinen befriedigenden Ergebnissen, es sollte also mit anderen Fetten kombiniert werden.

SCHWEINESCHMALZ (Verseifungszahl 0,140) gibt der Seife eine gute, feste Konsistenz und einen reichen, stabilen Schaum. Seifen aus reinem Schweineschmalz sind strahlend weiß.

GRUNDREZEPT
FÜR EINE LEICHT ÜBERFETTETE OLIVENÖLSEIFE
MIT LAVENDELBLÜTEN

1000 g Olivenöl

126 g Natriumhydroxid

335 g Wasser
(oder destilliertes Wasser, falls jenes aus der Leitung zu hart ist)

10 g getrocknete Lavendelblüten

20 Tropfen ätherisches Lavendelöl

Das genau abgewogene Wasser kommt in einen Topf (Edelstahl oder emailliert, keinesfalls Aluminium) oder ein laugen- und hitzefestes Becherglas mit mindestens zwei Litern Fassungsvermögen. Dazu gibt man langsam das Natriumhydroxid und verrührt es vorsichtig. Die entstehende Lauge erwärmt sich dabei sehr rasch und kann bis zu 80 °C erreichen. Man verrührt sie so lange, bis die Lauge wieder klar wird und lässt sie dann auf etwa 40 bis 45 °C abkühlen.

 Wichtig ist, das Natriumhydroxid in das Wasser zu geben und es keinesfalls mit dem Wasser zu übergießen.

In einem zweiten Topf erwärmt man das Olivenöl auf die gleiche Temperatur, die die Lauge hat, und gießt dann die Lauge langsam und unter ständigem Rühren in das Öl. Diese Lösung wird nun so lange weitergerührt, bis sie andickt, also den sogenannten „Seifenleim" bildet. Das dauert etwa eine Viertelstunde, und man sollte das mit der Hand – mittels eines Glasrührstabs oder eines Kochlöffels – machen und nicht mit dem Mixer.

Hat der Seifenleim eine gleichmäßige Konsistenz, kann man ihn entweder in dieser Art schon in Formen gießen und zur Seife eindicken lassen. Oder man kann ihn, in diesem Rezept beispielhaft mit Lavendel, verfeinern.

Dazu rührt man die getrockneten Lavendelblüten und anschließend das ätherische Lavendelöl gleichmäßig in den Seifenleim ein.

Dieser Seifenleim – pur oder verfeinert – wird nun in Formen gefüllt und an einem warmen Ort zugedeckt für mindestens zwei Tage stehen gelassen. In dieser Zeit erfolgt die Verseifung, und die Seife bekommt eine feste Konsistenz. Sobald die Seife fest ist, wird sie aus der Form genommen und, falls diese recht groß ist, in handliche Stücke geschnitten. Bevor man die Seife verwendet, sollte sie noch etwa acht Wochen nachreifen. Die Seifenstücke werden dazu auf die Schmalseite gestellt, damit sie möglichst viel Berührungsfläche mit der Luft haben.

❁ **Auf der Basis dieses Grundrezepts können Sie viele Arten von festen Seifen herstellen. Sie müssen bloß die Verseifungszahlen der verwendeten Öle und Fette kennen und die nötige Menge an Natriumhydroxid genau berechnen.**

Der Kreativität bei der Seifenherstellung ist kaum eine Grenze gesetzt. So kann man etwa das Wasser durch einen Kräuterabsud ersetzen. Natriumhydroxid in Kräuterabsud ergibt genauso Natriumlauge wie in Wasser. Man kann getrocknete Blüten je nach persönlicher Vorliebe in den Seifenleim einrühren, und man kann die Seife färben oder marmorieren. Rührt man dem fertigen Seifenleim etwas Karottensaft unter, bekommt die Seife eine orange Farbe. Eine braune Seife erzeugt man mit schwarzem Kaffee, Zimt oder Kakao. Die passenden Düfte zur Farbe verleiht man der Seife durch die Beigabe von entsprechenden ätherischen Ölen.

Seifen
aus Seifenflockenteig

Wem die eben beschriebene Art der Seifenherstellung zu aufwendig ist, der kann seine eigenen Seifenkreationen auch aus Seifenflocken herstellen. Seifenflocken kann man in Säcken kaufen oder selbst aus fester Kernseife oder Glycerinseife raspeln. Damit wird die Seifenherstellung denkbar einfach:

GEBEN SIE DIE BENÖTIGTE MENGE
an Seifenflocken in eine Schüssel.

GEBEN SIE UNTER STÄNDIGEM KNETEN
löffelweise Wasser oder Kräuterabsud dazu, bis eine dicke Paste entsteht.

RÜHREN SIE IN DIESE PASTE
getrocknete Blüten, Kräuter, ätherische Öle oder Farbgeber wie Karottensaft, Kaffee, Kakao oder Zimt, aber auch pflegende Zusätze wie etwa geschmolzenes Bienenwachs oder getrocknete, fein pulverisierte Propolis ein.

GIEßEN SIE DIESEN DICKEN SEIFENLEIM
in Formen und lassen Sie ihn, am besten über Nacht, antrocknen, bis er eine feste Konsistenz erreicht. Dann können Sie Ihre Seifen aus den Formen drücken und etwa zwei Tage trocknen lassen.

Alphabetisches Rezeptverzeichnis

A

Allzweckreiniger, auf Essigbasis 46
Allzweckreiniger, mit Zitrone 44
Aluminium-Backpulver--Paste 198
Aluminium-Essig-Zitrus-Spülmittel 198
Aluminium-Stärke-Alaun-Paste 198
Angebrannte Reste 55
Angebranntes, Lösungsmittel 62
Anti-Floh-Pulver für Teppiche 181
Anti-Schimmel-Spray 92
Antibakterielles Teppichspray 182
Antibakterielles Toilettenspray 108
Armaturenbrett-Schnellreiniger 209
Auto-Lederpflegespray 209
Auto-Lederpolsterreiniger 208
Auto-Lufterfrischer 210
Auto-Scheibenreiniger, seifig 205
Auto-Winter-Scheibenreiniger 206
Auto-Seifenwäsche 204
Auto-Stoffpolsterreinigung 208
Auto-Teppich-/Mattenreiniger 210
Autopolsterreiniger für Vinyl 207
Autowachs, Zweiphasenbio- 206
Autowaschmittel für Reifen 205
Autowaschmittel 204

B

Babybrei-Flecken 128
Backofen, einfacher Sprühreiniger 78
Backofen, Fettspritzer 55
Backofen-Reinigungspaste 78
Backofenreiniger, Zweiphasen 79
Backofenreiniger-Konzentrat 79
Backpulver-Zitrus-Paste Aluminium 198
Bad, Scheuerpaste 104
Badreiniger, mild, universell 97
Baumwollwaschmittel, weiß 141
Beerenblätterabsud-Holzerfrischer 162
Beerenflecken 128
Beruhigende Duftmischung 190

Besonders fettlösendes Spülmittel 62
Besteckbad, silber 200
Bettwäsche waschen 117
Bienenwachspolitur, duftend 167
Bleichmittel, mild 145
Bleichmittel mit Zitrone 145
Bleistiftflecken 129
Blutflecken 130
Blutflecken in Teppichen 177
Bodenreiniger, dunkles Holz 166
Bodenreiniger mit Zitrusöl 165
Bodenreinigungs-Feuchttücher 166
Bodenwachs mit Zitrone 171
Bunte Wäsche, Flüssigwaschmittel 142
Butterflecken 130
Bügelwasser, duftend 155

C

Chromreiniger 197

D

Desinfektionsspray für die Toilette 91
Desinfektionsspray mit Thymian 91
Desinfektionsspray mit Zedernöl 90
Desinfizierendes Scheuermittel
mit Rosmarin 103
Desinfizierendes Scheuermittel
mit Zitrone 101
Dessous, Waschmittel 141
Dezent romantischer Duft 189
Duft, Frühling 189
Duft, romantisch, dezent 189
Duft, rustikal 190
Duft, Sommer, frich 191
Duft, würzig-frisch, Orange 191
Duftende Bienenwachspolitur 167
Duftendes Bügelwasser 155
Duftendes Waschpulver 143
Duftende Trocknertücher 153
Duftende Wäschestärke 150

Duftkomposition, sinnlich 192
Duftmischung, beruhigend 190
Duftspray für die Toilette 110

E

Einfacher Essigreiniger 114
Einfacher Schweißfleckenlöser 124
Einfacher Backofen-Sprühreiniger 78
Einfaches Vorbehandlungsspray 121
Einweichmittel, fleckige Wäsche 124
Einweichmittel, Schweißflecken 125
Essig, Express-Scheuermittel 69
Essig, Mikrowellenreiniger 85
Essig, weiß, Wein- oder Obst 119
Essigessenz, Reinigungskonzentrat 46
Essigreiniger, einfach 114
Essig und Salz, Scheuerpaste 104
Essig und Zitrone, Spülmittel 63
Express-Scheuermittel mit Essig 69
Express-Spiegelreiniger 98
Expresspolitur mit Rosmarinduft 170
Expresspulver für Geschirrspüler 66

F

Feinwaschmittel, Strickwaren/Dessous 141
Fensterglanz mit Beschlagschutz 114
Fensterreiniger 113
Fensterspray für alle Fälle 114
Fett- und Ölflecken 130
Fettlösender Kühlschrankreiniger 82
Fettlösender Sprühreiniger 86
Fettlösendes Spülmittel 62
Fettspritzer im Backofen 55
Fett/Seifenreste, Scheuerpulver 100
Feuchttücher zur Bodenreinigung 166
Flecken, Babybrei 128
Flecken, Beeren 128
Flecken, Bleistift 129
Flecken, Blut 130
Flecken, Butter oder Magarine 130

221

Flecken, Gras 131
Flecken, hartnäckig, Scheuerpulver 69
Flecken, Kaffee und Tee 131
Flecken, Scheuerpulver 100
Flecken, Öl und Fett 130
Fleckenkiller-Paste 125
Fleckenpulver für Teppiche 178
Fleckenspray für alle Fälle 126
Fleckige Wäsche, Einweichmittel 124
Fliesen und Wanne, Scheuerpaste 104
Flüssiger Allzweckreiniger, Essigbasis 46
Flüssiger Allzweckreiniger, Zitrone 44
Flüssigseife, Waschmittel 140
Flüssigwaschmittel aus Flüssigseife 140
Flüssigwaschmittel aus Kernseife 138
Flüssigwaschmittel für Buntes 142
Flüssigwaschmittel mit Glycerin 140
Frischer Sommerduft 191
Frühlingsduft, Wischtücher 51
Frühlingsduft für Wintertage 189

G

Geschirrspüler, Expresspulver 66
Geschirrspüler, Glanz-Spülpulver 66
Geschirrspüler, Lavendelpulver 65
Geschirrspüler, Nelken-Kraftpulver 67
Geschirrspüler, Rosmarinpulver 65
Glanz-Spülpulver, Geschirrspüler 66
Glycerin, Waschmittel 140
Grasflecken 131
Gusseisenpflegeöl 201

H

Handspülmittelkonzentrat, Zitrone 59
Handspülmittel, fruchtiger Duft 60
Handspülmittel mit Rosmarin 59
Handtücher waschen 117
Hartes Wasser, Klarspüler 68
Hartes Wasser, Spezial-Waschpulver 144
Hartes Wasser 119

Hartnäckige Flecken, Scheuerpulver 69
Holz, lackiert, Reinigungsmittel 161
Holz, trocken, Ölpflege 163
Holz, Walnusspolitur 171
Holzboden-Pflegereiniger 166
Holzboden-Wachsentferner 172
Holzerfrischer 162

J

Joghurt-Scheuermilch 75

K

Kaffee- und Teeflecken 131
Karnaubawachs-Pflegepaste 170
Kernseife, Flüssigwaschmittel 138
Kernseife, Reiniger 49
Klarspüler für hartes Wasser 68
Klarspüler mit Alkohol 68
Klassische Bienenwachspolitur 168
Kochplattenreiniger 80
Konzentrat, Backofenreiniger 79
Kraftreiniger, Seife und Soda 49
Kraftvoller Urinsteinlöser 109
Kraftvolle Teppichwaschlösung 179
Kräuter, Scheuermilch, seifig 75
Kräuter, Scheuerpulver 99
Kräuteressig-Weichspüler 148
Kupfer-Polier-Paste 201
Kühlschrankreiniger, fettlösend 82
Kühlschrankreiniger mit Alkohol 83
Kühlschrankreiniger mit Salz 84
Kühlschrankreiniger, Zitruskraft 83

L

Lackiertes Holz, Reinigungsmittel 161
Lavendel, Scheuerpaste, sanft 103
Lavendel-Weichspüler 146
Lavendelblüten-Seife 220
Lavendelpulver, Geschirrspüler 65
Lederpflegespray 209

Lederpolsterreiniger 208
Leicht überfettete Olivenölseife mit Lavendelblüten 220
Lufterfrischer fürs Auto 210
Lösungsmittel für Angebranntes 62

M

Margarineflecken 130
Matschflecken in Teppichen 177
Melisse, Möbelreiniger 162
Melisse/Minze, Scheuerpulver 71
Messing-Milchbad 199
Messing-Salzpaste 199
Messing-Weinsteinpaste 199
Mikrowellen-Reinigungspaste 85
Mikrowellen-Salzpaste 86
Mikrowellenreiniger mit Essig 85
Milchbad für Messing 199
Milder Bad-Universalreiniger 97
Mildes Bleichmittel 145
Minze/Melisse, Scheuerpulver 71
Motten-Stoffbeutel 156
Mottenschutz 156
Möbelreiniger mit Melisse 162
Möbelreiniger mit Zedernduft 161

N

Nelken-Kraftpulver für den Geschirrspüler 67

O

Öl- und Fettflecken 130
Ölpflege für trockenes Holz 163
Öltücher für schmierige Sachen 52
Olivenölseife mit Lavendelblüten, leicht überfettet 220
Omas Spülmittel mit Zitronenduft 63
Orangen-Weichspüler 147
Orangenduft, würzig-frisch 191

P

Paste, Fleckenkiller 125
Paste, Pflege, Karnaubawachs 170
Pfefferminz-Weichspüler 146
Pfefferminze, Teppichshampoo 178
Pflegepaste mit Karnaubawachs 170
Pflegereiniger, dunkle Holzböden 166
Pflegeöl, Gusseisen 201
Polier-Paste für Kupfer 201
Politur mit Rosmarinduft 170
Politur, Walnuss 171
Politur aus Bienenwachs 167
Polsterreiniger, Leder 208
Polsterreiniger für Vinyl 207
Polsterreinigung, Seifenkraut 208
Pulver zur Wasserenthärtung 144
Pulvriges Teppichdeodorant 180

R

Reifen-Waschmittel 205
Reiniger, Chrom 197
Reiniger, Kochplatten 80
Reiniger für dunkle Holzböden 166
Reiniger, verschmutzte Fenster 113
Reiniger für Teppichboden
und Matten ... 210
Reiniger mit Kernseife ... 49
Reinigungskonzentrat
mit Essigessenz ... 46
Reinigungsmittel
für lackiertes Holz ... 161
Reinigungspaste für
die Mikrowelle ... 85
Reinigungspaste, Backofen 78
Reinigungsspray, Toilette 107
Ringelblumen-Scheuerpulver 70
Romantischer dezenter Duft 189
Rosmarin, Scheuerpaste 72
Rosmarin, Scheuerpulver 99
Rosmarin-Scheuermittel 103
Rosmarin-Teppichshampoo 181

Rosmarinduft, Expresspolitur 170
Rosmarinduft, Wischtücher 51
Rosmarinpulver, Geschirrspüler 65
Rosmarin/Salbei, Scheuerpulver 71
Rostlöser 202
Rustikaler Duft nach Äpfeln
und Kräutern 190

S

Salbei/Rosmarin, Scheuerpulver 71
Salbei und Salz, Scheuermilch 73
Salz, Kühlschrankreiniger 84
Salzpaste für die Mikrowelle 86
Salzpaste für Messing 199
Salz und Essig, Scheuerpaste 104
Salz und Salbei, Scheuermilch 73
Sanfte Scheuerpaste, Lavendel 103
Schaumreiniger für Teppiche 179
Scheibenreiniger, seifig 205
Scheibenreiniger für den Winter 206
Scheuermilch, Joghurt 75
Scheuermilch, seifig, mit Kräutern 75
Scheuermilch mit Salz und Salbei 73
Scheuermilch mit Thymian 73
Scheuermittel mit Rosmarin 103
Scheuermittel mit Zitrone 101
Scheuermittel mit Essig 69
Scheuerpaste mit Lavendel 103
Scheuerpaste für Wanne/Fliesen 104
Scheuerpaste mit Rosmarin 72
Scheuerpaste mit Salz und Essig 104
Scheuerpulver, Ringelblumen 70
Scheuerpulver, schäumend 101
Scheuerpulver gegen Fett/Seifenreste 100
Scheuerpulver gegen Flecken 100
Scheuerpulver gegen hartnäckige Flecken 69
Scheuerpulver mit Kräutern 99
Scheuerpulver mit Minze und Melisse 71
Scheuerpulver mit Rosmarin 99
Scheuerpulver mit Salbei und Rosmarin 71
Scheuerpulver mit Thymian 72
Scheuerpulver mit Zimt 70

Schimmel, Anti-Schimmel-Spray 92
Schimmel, Spray 94
Schimmelkiller mit Alkohol 92
Schmierige Sachen, Öltücher 52
Schuhspray 157
Schweißflecken, Einweichmittel 125
Schweißfleckenlöser, einfach 124
Schäumendes Scheuerpulver 101
Seide, Waschmittel 152
Seife mit Olivenöl und Lavendelblüten 220
Seifenbasis, Waschpulver 142
Seifenflockenteig 222
Seifenkraut-Stoffpolsterreinigung 208
Seifenreste und Fett, Scheuerpulver 100
Seifenwäsche für das Auto 204
Seife und Soda, Kraftreiniger 49
Seifiger Scheibenreiniger 205
Seifige Scheuermilch mit Kräutern 75
Silberbesteckbad 200
Sinnliche Duftkomposition 192
Sommerduft, frisch 191
Sortierung der Wäsche 117
Spezial-Waschmittel,
weiße Baumwollwäsche 141
Spezial-Waschpulver für hartes Wasser 144
Spiegelreiniger, Express 98
Spiegelreiniger, Anti-Beschlag-Wirkung 98
Spray, Anti-Schimmel 92
Spray, Reinigung, Toilette 107
Spray für Schuhe 157
Spray gegen Flecken 126
Spray gegen Moder und Schimmel 94
Sprühreiniger, Backofen, einfach 78
Sprühreiniger, besondere Fettlösekraft 86
Spülmittel, besonders fettlösend 62
Spülmittel für Aluminium 198
Spülmittelkonzentrat mit Rosmarin 59
Spülmittelkonzentrat mit Zitrone 59
Spülmittel mit Essig und Zitrone 63
Spülmittel mit fruchtigem Duft 60
Spülmittel mit Zitronenduft 63

Stoffpolsterreinigung mit Seifenkraut 208

Strickwaren und Dessous, Waschmittel 141

Stärke-Alaun-Paste für Aluminium 198

T

Tennisbälle in der Wäsche 118

Teppich, Anti-Floh-Pulver 181

Teppich-Flecken 177

Teppich-Fleckenpulver 178

Teppich-Schaumreiniger 179

Teppichboden- und Mattenreiniger fürs Auto 210

Teppichdeodorant, pulvrig 180

Teppichfransen 176

Teppichshampoo aus Rosmarin 181

Teppichshampoo mit Pfefferminze 178

Teppichspray, antibakteriell 182

Teppichwaschlösung, kraftvoll 179

Thymian, Scheuermilch 73

Thymian, Scheuerpulver 72

Thymian-Desinfektionsspray 91

Tintenflecken in Teppichen 177

Toilette, Duftspray 110

Toilette, Reinigungsspray 107

Toiletten-Desinfektionsspray 91

Toilettenschüsselreiniger 109

Toilettenspray, antibakteriell 108

Trockenes Holz, Ölpflege 163

Trocknertücher, duftend 153

Töpfe 55

Tücher für den Trockner, duftend 153

U

Übergekochtes 55

Universalreiniger für das Bad, mild 97

Unterwegs, Wischtücher 52

Urinflecken in Teppichen 177

Urinsteinlöser, kraftvoll 109

V

Vinylpolsterreiniger 207

Vorbehandlungsspray, einfach 121

W

Wachsentferner für Holzböden 172

Wachs mit Zitrone 171

Wachspolitur, duftend 167

Wachspolitur, klassisch 168

Walnusspolitur für dunkles Holz 171

Wanne und Fliesen, Scheuerpaste 104

Waschmittel, spezial, für weiße Baumwollwäsche 141

Waschmittel aus Flüssigseife 140

Waschmittel aus Kernseife 138

Waschmittel für Buntes, flüssig 142

Waschmittel für Reifen 205

Waschmittel für Seide 152

Waschmittel für Strickwaren und Dessous 141

Waschmittel mit Glycerin 140

Waschpulver, duftend 143

Waschpulver, spezial, hartes Wasser 144

Waschpulver auf Seifenbasis 142

Wasserenthärtungs-Pulver 144

Weichspüler, Lavendel 146

Weichspüler, Orange 147

Weichspüler, Pfefferminz 146

Weichspüler, Zitronenduft 147

Weichspüler mit Kräuteressig 148

Weinsteinpaste für Messing 199

Weiße Baumwollwäsche, Spezial-Waschmittel 141

Weißer Wein- oder Obstessig 119

Wischtücher für unterwegs 52

Wischtücher mit Frühlingsduft 51

Wischtücher mit Rosmarinduft 51

Wischtücher zur Bodenreinigung 166

Wolle, Reinigung 151

Wäsche, fleckig, Einweichmittel 124

Wäsche, Vorbehandlungsspray, einfach 121

Wäsche mit Tennisbällen 118

Wäscheparfum 150

Wäsche sortieren 117

Wäschestärke, duftend 150

Würzig-frischer Orangenduft 191

Z

Zedernduft, Möbelreiniger 161

Zedernöl-Desinfektionsspray 90

Zigarettenrauch in Teppichen 176

Zimt, Scheuerpulver 70

Zitrone, Bleichmittel 145

Zitrone, Bodenwachs 171

Zitronen-Scheuermittel, desinfizierend 101

Zitronenduft-Weichspüler 147

Zitruskraft, Kühlschrankreiniger 83

Zitrusöl-Bodenreiniger 165

Zweiphasen-Backofenreiniger 79

Zweiphasenbioautowachs 206